T0115158

La Aventura Espiritual

Una guía practica para el encuentro contigo mismo

KARIM TEMPLE

AuthorHouse™
1663 Liberty Drive
Bloomington, IN 47403
www.authorhouse.com
Teléfono: 1-800-839-8640

Primera edición en español publicada por AuthorHouse 3/18/2011

ISBN: 978-1-4567-4262-1 (e)
ISBN: 978-1-4567-4261-4 (dj)
ISBN: 978-1-4567-4263-8 (sc)

Numero de la Libreria del Congreso: 2011904570

Impreso en los Estados Unidos

Impreso en papel libre de ácido.

Este libro está dedicado a mi hijo Jesús y a mi esposo Alan.
Sus espíritus alegres han sido una bendición para mí, el sentido del humor, su honestidad, su generosidad, su comprensión y sobre todo el amor que compartimos son la fuente que me inspiran y me motivan a seguir siempre adelante.

Y a mis padres por su amor, apoyo y colaboración.

AGRADECIMIENTOS.

Estoy sumamente agradecida, y se que soy privilegiada, al poder contar con personas especiales que me han ayudado en mi trabajo. Aprecio mucho el apoyo que me han brindado y quiero expresarles mi infinita gratitud:

A Carole Thornton cuya sabiduría y estimulo me impulsaron a materializar este proyecto.

A mi papa Johnny Badell Urdaneta por su paciencia y dedicación al revisar cuidadosamente cada uno de los capítulos de este libro.

A Alexandra Gregory, por su disposición y por tomarse el tiempo para hacer correcciones y sugerencias.

A Lisbeth por su valioso aporte de ideas.

A María Alejandra Kenna, Doris Tineo, Morela Rubio, Alejandra, María Elisa y Delia Rodríguez por inspirarme, motivarme y por creer en mi.

A mis hermanos, Ketty, Keyla, Johnny y Daniel, por su amor incondicional y apoyo.

A todos aquellos que me han inspirado con sus ideas e historias, deseando que sigan siempre llenos de optimismo y positivismo para hacer de éste un mundo mejor, un mundo en paz.

A mi esposo, Alan, cuyo apoyo, influencia y amor puede ser encontrado en cada página de este libro.

Finalmente y lo más importante, a Dios, la fuerza que me guía y fortalece.

Índice.

“Un viaje de mil millas comienza con un solo paso.”

-Confucio.

“Sin un solo paso más allá de la puerta puedes conocer el Mundo.
Sin una mirada hacia la ventana
Puedes ver el color del cielo.

Cuanto más experimentas, menos sabes.
El sabio vagabundea sin conocer,
Mira sin ver,
Alcanza sin actuar”

-Lao Tsu
‘Tao Te Ching’.

Introducción.

"El camino de la vida tiene cruces y curvas, ninguna dirección es siempre la misma. Sin embargo, las lecciones que aprendemos provienen de nuestra jornada, no del destino."

-Don Williams Jr.

Una mañana cualquiera me cepillaba los dientes, y quizás sintiéndome un tanto fastidiada ante el comienzo de un nuevo día, que se pintaba simplemente como un día más, me miré fijamente al espejo y me pregunté lo siguiente: La vida… ¿Es sólo esto?

Pensar que la vida fuera simplemente un conjunto de actividades rutinarias (unas muy emocionantes y otras poco interesantes) dentro de un marco social, carecía de sentido. Estaba prácticamente convencida de que estar viva era ***"algo más"*** y me dispuse a encontrarlo.

Ese instante frente al espejo despertó inesperadamente mi interés por darle un significado distinto a la existencia invitándome a explorar aquellas cosas que siempre había dado por ciertas. No estaba dispuesta a seguir viviendo una vida aburrida y sin inspiración, por lo que decidí ir en busca de aquel conocimiento que me permitiera darle un verdadero sentido a mi existencia.

Sin darme cuenta embarqué en una jornada desconocida y sin rumbo definido que me llevaría a recorrer un camino emocionante. Una aventura que cambiaría los viejos conceptos que tenía sobre la vida y que me llevaría a explorar un nuevo territorio.

Llevo ya varios años haciendo este recorrido y estoy satisfecha con lo que hasta ahora he logrado. No puedo decir que el camino haya terminado, ni que esté libre de tropiezos, todo lo contrario. Es una senda que nunca acaba, llena de altibajos que requieren que estés siempre alerta, manteniendo la mente abierta. Es un recorrido que te conduce hacia una transformación interior, a un encuentro contigo mismo y con tu espiritualidad.

Este camino al que me refiero no es otro que ***"el camino espiritual".***

Fue inevitable que, una vez que mi búsqueda se definiera como espiritual, familiares y amigos comenzarán a preguntarme el significado de lo espiritual. Me gustaría poder dar una respuesta rápida y sencilla a esta pregunta, y estoy convencida de que eso es lo que todos esperaban. Pero tratar de responder, de forma simple y breve, sería limitar un poco esa realidad tan vasta y cambiante que contempla el ser espiritual.

Cada jornada es única, carece de orden, mapa o diseño y depende únicamente de cada uno de nosotros.

Aunque resulte laborioso tratar de definir lo que significa ser una persona espiritual, considero que el primer paso en el camino espiritual es encontrar una definición satisfactoria sobre lo que es la espiritualidad. Una definición que esté tan libre de exigencias como sea posible y que nos permita mantenernos firmes en el sendero. Hacerlo no es tan difícil como parece. Veamos:

La Espiritualidad.

Al aventurarnos en el camino espiritual nos encontramos con la existencia de un mundo confuso relacionado con la espiritualidad. Muchos relacionan la espiritualidad con la religión; para otros ser espiritual significa ser anticientífico, y ven a la espiritualidad como un conjunto de prácticas mágicas y misteriosas, con las que se pretende penetrar y dominar los secretos de la naturaleza. Hay para quienes la palabra espiritual es sinónimo de promesas de gracia divina e incluso hay quienes se atemorizan ante el concepto de la espiritualidad. Y hay, también, los que piensan que ser espiritual implica indagar profundamente en la forma como se comportan y explorar todo aquello relacionado con la vida y la muerte que aún desconocen.

Puede que te identifiques con alguna de las definiciones anteriores, y me alegra pensar que puedo sacarte de dudas.

No voy a profundizar en todas esas definiciones malentendidas. Sin embargo, antes de dedicarme a desarrollar este capítulo, dediqué a hacer un pequeño sondeo entre familiares, amigos y conocidos para saber qué se inclinaban a pensar cuando se les mencionaba la palabra "espiritualidad".

Con el resultado arrojado por esta pequeña investigación pude observar que la mayoría de los encuestados tienden confundir la espiritualidad con la religión y viceversa. Por lo que voy a ahondar un poco más sobre esta idea.

La espiritualidad no está necesariamente ligada a la religión, ni la religión a la espiritualidad. Se puede ser religioso sin ser espiritual y espiritual sin ser religioso. La una no excluye a la otra. La espiritualidad, a diferencia de la religión, no te exige que creas en algo, por el contrario es una practica que te invita a que vivas tus propias experiencias. Tu experiencia personal se convierte en tu autoridad y no lo que otros te dicen que debe ser. Sabes a donde vas y las herramientas de las que dispones. En la espiritualidad todo lo que necesitas está contigo, dentro y alrededor de ti.

En particular me gusta la definición que da el Reverendo Ed Bacon (Rector de la Iglesia Episcopal de Todos los Santos, "*All Saints Church*" en Pasadena (California) una Iglesia reconocida por ser progresiva y liberal en lo que a política y teología se refiere). El Reverendo dice que: ***"La espiritualidad es una conexión significativa. Es una conexión entre nuestro ser y todo lo que existe, todo lo que hay, todo lo que es. Es una conexión directa con Dios. Por medio de esa conexión particular puedes sanar y perdonar. Te capacita para estar en el mundo y sentirte plenamente vivo".***

El Reverendo Bacon también afirma que el amor incondicional es la esencia de la espiritualidad. Es la experiencia del amor la que nos conecta con los demás, con el pasado, con el futuro, lo que te da la esperanza y el entusiasmo para comenzar un nuevo día, para optar por nuevas oportunidades.

Para mi la espiritualidad *es la esencia interna y externa de nuestro ser.* Te preguntarás ¿cómo es así? Es la esencia interna de nuestro ser porque nos permite establecer una conexión directa con Dios y con nuestro ser interior, al que yo llamaría también, *maestro interior.* Y es nuestra esencia externa, porque es a través de ella que nos conectamos con las otras personas, la naturaleza y con todo aquello que nos rodea.

La espiritualidad no es algo que se gana, es algo que se *adquiere.* Consiste principalmente de un proceso en el que te desprendes de todo aquello que limita tu potencial.

Viviendo la espiritualidad dejas de lado la rabia, las falsas creencias que tienes sobre ti mismo y sobre los demás, el miedo, la preocupación, los pensamientos negativos, y, en general, todo aquello que impide que esa luz que está dentro de cada uno de nosotros brille con intensidad propia.

¿A qué me refiero cuando hablo de la luz que existe dentro de cada uno de nosotros?

Hay que recordar que somos cuerpo, mente y espíritu (alma). Algunas veces se nos olvida que venimos a la vida con nuestro espíritu el cual brilla dentro de nuestro corazón y esta siempre con nosotros.

Imagina que somos un farolito que tiene cuatro paredes y una lucecita dentro de él. La luz dentro del farolito es nuestra alma y las paredes del farolito nuestro cuerpo y nuestra mente. El farolito está siempre expuesto a la intemperie, al sol, a la lluvia y al viento. Por consecuencia, esa la luz dentro del farolito se va opacando porque las paredes de cristal se van ensuciando con el transcurso del tiempo. Igual nos pasa a nosotros, los seres humanos. Nuestra luz interior se va apagando por las circunstancias que nos toca vivir. Así, por ejemplo, una niñez complicada, el estrés, la rabia, el miedo, la falta de autoestima, las dudas, etc., van oscureciendo las paredes del farolito. Cuando decimos que emprendemos el camino espiritual, no quiere decir que vayamos a alguna parte, no vamos en búsqueda de algo que ya poseemos. Cuando decimos que recorremos el camino espiritual vamos en la búsqueda de las herramientas necesarias para limpiar las paredes del farolito y de esa forma dejar que la luz brille dentro de él con intensidad.

El famoso pionero espiritual, Eckhart Tolle (autor de los libros "El Poder del Ahora" y "Una Nueva Tierra") afirma que "*cuando eres capaz de darte cuenta que existen una cantidad de pensamientos repetitivos en tu cabeza y puedes tranquilamente sentarte a observarlos, entonces has despertado a la espiritualidad*". En lugar de ser solo ese ser pensante, te das cuenta de que existe dentro de ti ese que piensa y alguien más que observa esos pensamientos. Existe dentro de ti una dimensión más profunda, no eres solo tus pensamientos, tus emociones, tus recuerdos, tu historia. Cuando despiertas a esa nueva dimensión de la conciencia comienzas a vivir en el momento presente.

Ese a quien Tolle llama "el observador" es tu verdadero yo, tu ser interior...tu maestro interior.

La espiritualidad es un cambio hacia una vida nueva, porque cuando la despertamos nos hacemos presentes, ni existe el pasado, ni el futuro, sólo el ahora. No estamos atados a nuestros pensamientos, ideas y emociones; no somos esclavos de lo material (que es solo pasajero) y el momento presente se convierte en lo más importante, vivimos sin miedo, y la vida comienza a adquirir un significado completamente diferente.

Vivir la espiritualidad te permite establecer una conexión directa con Dios. Al estar en contacto con esa inteligencia divina compartes su inteligencia, su luz, su amor. De esa forma, con ese amor, con esa inteligencia, con esa luz, te conectas con el resto del mundo y con todo lo que hay. La espiritualidad te invita a ser libre conectándote y escuchando a tu ser interior.

Hay otra idea que quiero dejar clara sobre la espiritualidad, es aquella que relaciona lo santo y lo sagrado con este concepto. Hay quienes piensan que emprender un camino espiritual es emprender un camino hacia la santidad. Ésta es una percepción errónea desde mi punto de vista. No se puede separar la espiritualidad de la vida diaria. Asimilar la espiritualidad desde ese punto de vista significaría negar nuestra vida espiritual. Somos seres humanos y como tales vivimos experiencias humanas, esas experiencias son las que nos ayudaran a crecer y avanzar en el camino espiritual.

Podemos transitar el camino espiritual mientras trabajamos, educamos a nuestros hijos, buscamos un compañero, o vivimos un romance. Ningún quehacer del día a día es un obstáculo para vivir la espiritualidad.

Muchas personas temen emprender una jornada espiritual porque piensan que deben desprenderse de todo lo que tienen. Esa es otra idea mal concebida sobre la espiritualidad. Espiritualidad no es sinónimo de pobreza, todo lo contrario es sinónimo de abundancia. El propósito de la espiritualidad es lograr una vida plena, en todos los sentidos.

Cuando embarcamos en una jornada espiritual emprendemos un camino en el que cada paso, es un paso hacia el crecimiento y la sabiduría. Es el descubrimiento de quienes somos cada día, es tomar responsabilidad por nuestros actos, es aprender a vivir sin temor, es darle sentido a nuestra existencia.

En este mundo en el que vivimos hemos venido con un solo billete (de ida y vuelta) y nuestro sencillo equipaje. Un billete que nos ha traído a la tierra por un tiempo determinado y que indudablemente tendremos que usar para regresar a nuestro destino original. Un equipaje conformado por un cuerpo que algunas veces experimenta el dolor y otras veces disfruta de perfecta salud. Un corazón que puede sufrir o alegrarse. Una mente que a veces se esfuerza buscando la paz. Y un espíritu que añora la soledad y que al mismo tiempo quiere compartir con los demás. Todos sabemos esto, y muchos de nosotros aún sabiéndolo nos empeñamos en nadar contra la corriente. Imagina como sería flotar en el agua del mar de espalda, relajado y despierto, dejándote llevar. Esto es lo que aprendemos en el camino espiritual, aprendemos a encontrar el equilibrio y a dejarnos llevar por las aguas de la realidad, sin hacerles oposición.

La espiritualidad se puede comparar con el proceso de desvestirse al final de un día largo y difícil para ponerse el pijama.
Imagínate el alivio que sientes cuando al final del día te quitas la ropa que has estado llevando desde la mañana cuando saliste a trabajar para ponerte cómodo, o para ponerte el pijama (sobre todo si la ropa estaba un poco apretada).

Así mismo sucede con la espiritualidad. Te vas desvistiendo lentamente. Lo primero que te quitas es el miedo, que es lo que aprieta, y así te vas relajando y mientras te vas desnudando, vas liberándote de aquello que te impide moverte con autodeterminación. Cuando logras quitarte toda la ropa te quedas completamente al desnudo y en compañía de lo que realmente eres.

Luego, con el tiempo ya no te gusta ponerte ropa apretada porque te recuerda al miedo y piensas solo en llevar ropa cómoda y holgada que te haga sentir cómodo, libre y feliz. Ya no es importante vestirse a la perfección, sino de felicidad. La perfección es solo una idea, la imperfección es la realidad. Encontrar la felicidad dentro del campo de la imperfección es la promesa que nos hace la espiritualidad.

La búsqueda espiritual.

"El único temor que me gustaría que sintieses frente a un cambio es el de ser incapaz de cambiar con él; creerte atado a lo muerto, seguir con lo anterior, permanecer igual".

-Jorge Bucay.

'El Camino a la Felicidad'.

Todos los seres humanos somos seres complejos, llenos de pensamientos y emociones, muchas veces inseguros de nuestro lugar en este universo y tratando de buscar algo que aún no podemos determinar. Algunas veces nos sentimos fuertes y felices, otras nos sentimos tristes y confundidos. Que la tristeza y la confusión no sean la causa para decaer.

Eso es lo que somos: simplemente "humanos" y hay situaciones que inevitablemente debemos afrontar. Buscar a Dios, la paz o la espiritualidad es algo completamente natural. Especialmente en estos tiempos en los que el ritmo acelerado de vida y la tecnología nos provocan una gran necesidad espiritual. Vamos en busca del equilibrio.

Pienso que hemos comenzado a vivir tiempos emocionantes, impregnados de una nueva energía a lo largo y ancho de todo el planeta. Estoy convencida de que cada uno de nosotros está siendo llamado a formar parte de una transformación radical. Estamos siendo invitados a aceptar nuevos desafíos y a crear una nueva forma de vida en la que nos hacemos conscientes de que no somos solo mentes y cuerpos, músculos, órganos, hormonas y neurotransmisores, en la que nuestra meta primordial es el crecimiento espiritual.

Estamos experimentando una transición de una antigua forma de vida que se centra en una visión externa del mundo, (en la cual estamos constantemente buscando la felicidad y la realización personal a través de valores externos: dinero, vehículos, joyas, cuentas bancarias abultadas, relaciones personales, trabajo, actos de buena voluntad, fama, comida, alcohol y drogas) a una nueva que se basa en una conexión entre tus experiencias internas y tus experiencias externas, en las que tus experiencias externas son el reflejo de tus experiencias internas. Lo que está dentro de ti es más importante que lo que está afuera. Es un cambio que cada uno de nosotros es capaz de hacer.

No olvidemos que todo y cuanto está relacionado con lo material produce solo placer temporal, única y exclusivamente placer, unos días más tarde nos encontraremos en el mismo estado en el que nos encontrábamos antes, tal vez más ansiosos, tal vez más deprimidos, o más tristes, y nos lanzaremos nuevamente en la búsqueda de otro objeto material que nos haga felices; pensando que él que habíamos obtenido anteriormente no era el objeto de la felicidad, sino otro. Una necesidad siempre será suplantada por otra y por consecuencia, continuaremos en nuestra búsqueda.

Y así, seguiremos esperando y esperando por algo que llegará con el tiempo, algo que nos proporcionará la felicidad; sin despertar nuestra conciencia al hecho de que, la felicidad nos rodea; está "aquí y ahora".

La búsqueda exterior de la felicidad nunca nos traerá satisfacción, realización, ni nos permitirá conocer el amor verdadero, la paz, ni tampoco la alegría verdadera.

Esa transformación radical nos está invitando a ver el mundo de una manera diferente; nos ofrece una nueva visión de la vida que se fundamenta en la espiritualidad, en la conexión con nuestro ser interior y con la inteligencia divina (Dios). Es una transformación basada en el despertar a una nueva conciencia, a una nueva realidad, en la que nos hacemos ciento por ciento responsables de nuestras vidas y sus eventos, ya que, comprendemos que son nuestros pensamientos los que crean nuestra realidad. En este nuevo despertar reconocemos, también, que tenemos la capacidad de hacer milagros diariamente y que tenemos en nuestras manos el poder para sanar nuestras vidas.

> ***"Ser espiritual requiere que seas consciente de tus emociones. También requiere conciencia de tus propósitos y asumir la responsabilidad de tus decisiones. Has nacido para ser una persona espiritual"***
>
> -Gary Zukav.
>
> 'De Alma a Alma. Comunicaciones del Corazón'.

En la búsqueda de la espiritualidad, insisto, no hay un solo camino. Hay muchos caminos todos con un destino único. Todos los caminos son correctos si te llevan a ese destino. El rumbo esta marcado por *el despertar.* Una vez despierto, conciente, y alerta podrás conectarte con tu ser interior, con tu verdadera esencia, y con la fuente que te creo (Dios).

Cuando inicié mi jornada, pensaba que cada libro que leía, cada curso al que asistía o cada CD que escuchaba me iba a dar respuestas a aquello desconocido que buscaba, y me sentía sumamente frustrada cuando al final algunos incluso no tenían ningún efecto en mí. Hasta que comprendí que todo lo que hacemos tiene una razón de ser y que nada pasa por casualidad. Más tarde todo aquello que había leído y escuchado comenzó a tener sentido, a medida que avanzaba, en el camino espiritual.

No existen coincidencias en la vida, eso es algo que he aprendido bien. Cada persona que conoces, cada libro que lees, cada encuentro, cada conferencia, cada seminario, tienen un sentido; sólo hay que estar bien alerta para aprender de todas las posibilidades que la vida nos depara.

Espero que al terminar de leer este libro encuentres una dirección y las herramientas que necesites para emprender tu jornada. Quiero que seas libre de elegir lo que más te convenga, lo que más tenga afinidad contigo. Puede que en algún punto no estés de acuerdo con una idea o sugerencia; no importa, al final de cuentas tú tienes el poder de decidir lo que quieres aprender y lo que no. Cuando no estamos de acuerdo con una idea o un pensamiento estimulamos otros pensamientos e ideas que ya sospechábamos que eran más adecuados para nosotros y los solidificamos.

Hubo un momento antes de comenzar a escribir este libro en él que me detuve a pensar si tenía o no autoridad para exponer mis ideas sobre el tema de la espiritualidad. Al cabo de unos días y en conversaciones con mi ser interior comprendí que quien mejor que una persona ordinaria para contar sus experiencias sobre una jornada extraordinaria. Soy un ser humano normal y corriente que decidió un día cualquiera darle sentido a su existencia y lo logré emprendiendo esta fascinante jornada. Espero que tú puedas hacer lo mismo y que lo expuesto aquí sobre mi jornada (no sobre mi) pueda ser valioso para ti.

"No somos nuestros cuerpos o nuestras emociones o nuestras mentes, ni ninguna de las estructuras o restricciones que vemos a nuestro alrededor. Somos una parte infinita de Dios, utilizando la forma física para experimentar a través de un aprendizaje especial llamado vida diaria"

-Stuart Wilde
'Milagros'.

1

¿Quién soy y por qué estoy aquí?

"No somos seres físicos teniendo una experiencia espiritual, somos seres espirituales teniendo una experiencia física."

-Pierre Teilhard Chardin.
Filósofo Francés y Padre Jesuita.

-¿Qué responderías a estas eternas preguntas? Aunque parezcan un par de cuestiones irrelevantes, es indispensable que las reconsideres en cualquier momento, ya que, las respuestas que tengas para ambas determinarán la forma en la que tu vida se desenvuelve, ya que decretan tu filosofía de vida.

La búsqueda de respuestas satisfactorias -a estas eternas preguntas- fue lo que marcó el inicio de mi recorrido espiritual. Cuando se quieren iniciar cambios y optar por elementos nuevos en la vida es necesario, ante todo, pensar en ambas interrogantes; lo que resulte de ello será la clave para tomar decisiones y emprender tales cambios.

Desde lo que he podido observar, hay quienes dan respuesta a estas preguntas partiendo desde dos puntos de vista diferentes:

El primero de ellos considera que la *vida es un juicio, una prueba, un reto, una misión.* Esta es una idea promovida por la mayoría de las religiones y según la cual hemos venido a habitar el planeta para que nuestras almas reciban entrenamiento y así perfeccionarnos como seres humanos. Básicamente estamos aquí para aprender lecciones, para probar que somos buenos y que valemos.

Si analizamos bien este punto de vista, nos daremos cuenta de que parte de la premisa de que somos malos -hemos sido creados a partir del pecado original-, que necesitamos ser corregidos, que somos inapropiados, que debemos buscar salvación y cumplir una misión. Si llegamos a completar esa misión con éxito, nuestra recompensa vendrá después de la muerte.

Esta forma de ver la vida se basa en el juicio y en el amor condicional. Establece en el mundo una división entre lo bueno y lo malo, lo correcto e incorrecto destruyendo nuestra paz interior y siendo la causa de conflictos y guerras en el planeta.

El otro punto de vista es aquel que parte del hecho de que hemos venido a este mundo por accidente, y por consecuencia, quienes comparten esta idea se pasan la vida buscando seguridad y estabilidad. Tienen miedo de arriesgarse, están tan apegados a lo que son y a lo que tienen, que el hecho de pensar en cambios o en la pérdida de sus posesiones les infunde un gran temor. Quienes adoptan esta posición pueden llegar a ser controladores y sienten siempre la necesidad de buscar seguridad a través de factores como el dinero, las pólizas de seguro, el estatus social, las posesiones materiales y hasta con relaciones personales. Es una forma de vida que promueve la escasez y la competencia: *si tú tienes más hay menos para mí*. Se fundamenta en el miedo y en la idea de que estamos separados los unos de los otros. Sus vidas están manejadas por circunstancias exteriores, de forma que se ven expuestos constantemente al dolor y a la lucha, incluso muchos de ellos son victimas de su propio sabotaje. La vida para quienes piensan de esta forma no tiene un propósito, la felicidad es precaria y generalmente nunca saben donde buscar el amor verdadero.

"El hombre es un pedazo del universo hecho vida".

-Ralph Waldo Emerson

Filósofo Americano y poeta.

¿Por qué no optamos por ver la vida como un regalo?

Cuando embarcas en la jornada espiritual comprendes que ni hemos venido por accidente, ni hemos venido a sufrir o a ser juzgados. Todo lo contrario, la vida es un regalo. Hemos sido creados por Dios y somos parte de él. Somos seres espirituales y nuestro único propósito es disfrutar de la vida.

"Somos seres espirituales"

La vida para nosotros comienza en el momento en que el espíritu habita el cuerpo físico. No podemos existir físicamente sin nuestro espíritu, ya que éste es la fuente que nos mantiene vivos.

Un ejemplo, bastante ilustrativo, seria el compararnos con un ordenador donde el cuerpo físico es el hardware -el PC y todos sus componentes- y el espíritu es el sistema operativo, como por ejemplo Windows.

El espíritu es parte de todo lo que es y todo lo que existe. Es pura luz y energía, es eterno, es amor, es consciente, y su verdadera naturaleza es la paz. Es parte nuestra y parte de la energía de la vida (Dios). Somos inseparables de la fuente que nos creo y a través de nosotros fluye esa energía divina.

"Somos energía"

El mundo parece estar constituido por materia aparentemente sólida, pero en realidad esta impregnado de energía que fluye constantemente, como las olas del mar.

La realidad es que somos pura y simplemente energía. La energía es eso de lo que todo está hecho y por consecuencia de lo que estamos hechos nosotros mismos, los seres humanos. Somos un puñado de energía inteligente en la forma de cuerpo humano inmersos en un océano de energía en constante movimiento.

La Dra. Valerie Hunt en su libro, " Infinite Mind ", (*Mente Infinita*) dice que no puede considerarse al cuerpo únicamente como un conjunto de sistemas orgánicos o como tejidos, el cuerpo sano es un conjunto de energía electrodinámica.

> ***"Primero, éste es un mundo de energía, y después, un mundo de objetos. Si no empezamos con la premisa de que es un mundo de energía, nunca seremos capaces de percibir energía directamente".***
> -Carlos Castañeda
> Escritor.

Albert Einstein estaba convencido de que cada célula del cuerpo humano genera un campo electromagnético y que esa energía es el denominador común en el funcionamiento de cada parte del cuerpo. Einstein, al igual que otros físicos, ya tenía la idea de que existe una matriz divina de energía la cual forma el recipiente que contiene el universo y el puente entre todo lo que existe.

Si la energía es el puente o el vínculo entre todo lo que existe quiere decir que estamos inmersos en ella, ya que, está presente en todos los lugares y todo el tiempo, es una fuerza invisible en constante movimiento.

La ciencia de la mecánica cuántica (física cuántica) se ha encargado de demostrar que todo en nuestro mundo esta compuesto de energía.

Lo que aparenta ser sólido (tu casa, tu auto, tu cuerpo) a nivel cuántico es un 99.99999 por ciento de energía o luz. No existe diferencia entre energía y materia, por lo que todo y cuanto existe esta hecho de energía interconectada. Tú y yo, los árboles, las estrellas, el universo, y todo lo que en él hay estamos hechos del mismo material. Todo lo que vemos, tocamos y sentimos esta dotado de una energía determinada que vibra a un determinado ritmo llamado frecuencia.

Imaginemos que podemos reducirnos a un tamaño que permite que seamos observados cuidadosamente bajo el lente de un microscopio. ¿Qué descubriríamos?
Explorando nuestro cuerpo bajo el microscopio descubriríamos los secretos de ese universo que somos.

Debajo de ese lente veríamos que cada uno de nosotros esta compuesto por átomos, que cada átomo tiene un núcleo con electrones que circulan alrededor de él. Ese número de electrones que giran alrededor del átomo, de cada uno de nosotros, genera una frecuencia vibratoria específica. Por lo que cada ser humano emite vibraciones especificas.

Comprobaríamos que nada es sólido, que no existe diferencia entre la energía y la materia. Aquello que aparenta ser sólido siempre tendrá un núcleo infinitamente rodeado de una onda rotativa. Todo está constantemente girando y vibrando a una velocidad impresionante.

"Somos seres espirituales. Somos energía, y la energía ni se crea ni se destruye, solo cambia de forma. Nuestra esencia siempre permanecerá. Existimos ahora y siempre".

Es cierto que nuestros ojos solo pueden ver objetos y no pueden ver la energía o las vibraciones, sin embargo, podemos sentirlas a través de las emociones. Las emociones son el medio que utilizamos para comunicarnos con los demás; son el lenguaje del espíritu. Cada emoción genera una vibración determinada que nos indica como nos sentimos en un momento dado.

Considera este ejemplo. Todos en algún momento nos hemos encontrado reunidos en un sitio determinado con familiares y amigos. Todos lo estamos pasando bien, algunos conversan, otros ríen, y en general todos están muy cómodos, logrando que todo fluya perfectamente en la fiesta o reunión. De repente, alguien llama a la puerta y un nuevo invitado se incorpora a la reunión. En ese momento la atmósfera cambia, el ambiente se pone tenso y aquello que fluía maravillosamente se paraliza, como si todo se hubiese ensombrecido.

Cuando detallas a esa persona que acaba de llegar te das cuenta que parece cansada, agobiada, fastidiada, quizás esté llena de problemas o tenga el corazón roto.

Ese cambio en el ambiente de la reunión se ha dado porqué se han percibido las vibraciones de ese invitado, de esa persona que no pasa por un buen momento en su vida y sus bajas vibraciones han afectado el ambiente.

Los seres humanos vibramos.
Cada uno vibra con una frecuencia única y al mismo tiempo somos sensibles a las vibraciones de los demás.

Somos sensibles a las vibraciones de los demás porque "*todos estamos conectados*". Es una ilusión pensar que somos seres individuales, separados del resto de los seres humanos y de Dios.

"Yo y mi padre somos una misma cosa".

-Juan 10 : 30

No estamos separados los unos de los otros, como energía que somos, estamos conectados con todo lo que es y con todo lo que existe en el planeta. Cada uno de nosotros es una parte única que forma parte de un todo más grande, somos una parte del todo.

Cuando vemos el mundo como energía nos damos cuenta de que no somos solo 'carne y hueso' o materia sólida, sino que somos seres vibrantes. No podemos considerarnos separados de lo demás ni de la fuente de energía (Dios), ya que la energía está siempre interconectada. Somos inseparables de todo lo hay. Dicho en otras palabras somos células en el cuerpo energético de Dios.

Así como los rayos solares no pueden ser separados del sol, tampoco nosotros podemos ser separados de Dios, que es nuestra fuente de luz y amor puro e incondicional.

Todo vibra y todo se mueve.

Es importante que seamos conscientes de que nos comunicamos con los demás a través de nuestras vibraciones y que no se pueden crear grandes resultados con bajas vibraciones. Nuestras vibraciones afectan nuestra realidad y la forma en que nos comunicamos con los demás.

Estamos viviendo un momento histórico extraordinario, estamos siendo testigos del converger entre la ciencia y la espiritualidad. Hoy día, físicos, biólogos y científicos tratan de analizar los fundamentos que antiguos místicos y pioneros espirituales han tratado de enseñarnos desde tiempo remotos. En este momento crucial se hace preciso un cambio en la mentalidad. Un cambio que nos permita identificar nuestras emociones (vibraciones) para que una vez en capacidad de reconocerlas podamos trabajarlas de forma que logremos armonizar con las vibraciones del universo.

Es en este instante de la historia en el que la espiritualidad juega un papel fundamental. A través de ella alimentamos nuestra conexión con Dios y con todo lo que existe en el planeta. La espiritualidad nos facilita el contacto con la energía divina, permitiendo que fluya por medio de nosotros, y así, con esa misma pureza, con la que nos conectamos a esa fuente de energía podemos conectarnos con los demás y de esa forma contribuir a crear un mundo mejor.

Desde la espiritualidad la vida se presenta como un regalo, visto así, nuestro único propósito es disfrutar de ella. Estamos aquí para divertirnos, para resaltar la belleza del planeta, para honrar nuestro cuerpo y sus atributos, para desarrollar nuestra creatividad. Estamos aquí para amar, para reír, etc....para conectarnos profundamente con todo lo que existe.

No hay que ser un experto en psicología para darse cuenta de que cuando basamos nuestra existencia en la espiritualidad siempre seremos libres y estaremos conectados al amor. Pensar que la vida es un regalo divino promueve la felicidad y la salud física y mental. Mientras que fundamentar nuestra existencia en el miedo, el castigo y en la espera constante de una sentencia, que juzgue nuestro comportamiento, siempre tendrá un efecto nocivo sobre la salud. Esa forma de ver la vida nos garantiza la ansiedad, la culpa y la enfermedad, manteniéndonos al mismo tiempo en una batalla mental.

Estos primeros pasos en el camino espiritual te invitan a descubrir tu verdadera esencia, a reconocer que somos energía y que estamos conectados con el resto del mundo y especialmente con nuestra fuente de energía. Es una invitación a abandonar el miedo y a dejar de lado el temor a equivocarte, a sentir el cambio para que vivas tu espíritu y disfrutes de la vida.

La mayoría de las personas se identifican completamente con la voz de la mente, con ese torrente incesante de pensamientos involuntarios y compulsivos y las emociones que los acompañan. Podríamos decir que están poseídos por la mente. Mientras permanezcan completamente ajenos a esta situación, creemos que somos el pensador. Esa es la mente egoísta.

-Eckhart Tolle.

'Una Nueva Tierra'.

2

El Ego.

"El amor, que me creó, eso es lo que soy".
-Un Curso de Milagros.

La tierra es el lugar donde el alma viene a realizar su recorrido. Nuestras experiencias en éste planeta crecen y se profundizan a través de un aspecto que tiene dos caras y que se compone de la parte física de nuestro ser: *el ego.*

El concepto del ego nace en la ilusión de creer que los seres humanos estamos separados los unos de los otros. Cuando en apariencia todo lo que existe parece estar separado de lo demás, en realidad, al mismo tiempo, está conectado. Estamos holística y energéticamente conectados los unos a los otros y somos parte del todo.

Una de las caras del ego es la que nos identifica como seres individuales. Durante siglos los seres humanos hemos vivido observando esta falsa convicción y la idea de que la separación está tan firmemente establecida que ya no vemos lo espiritual ni en otras personas, ni en Dios. Hace ya miles de años que chamanes, gurús y místicos han estado hablando de la unidad y en la actualidad los científicos se han encargado de demostrar que no estamos separados, ni de la fuente que nos creo (Dios), ni del resto de los seres humanos.

El ego nos hace capaces de conceptuar y creer en la idea de la separación, pero nos dificulta la posibilidad de experimentarla y vivirla. Nos envuelve en nuestra parte física, en nuestro cuerpo, en el mundo de los sentidos, en nuestra rutina diaria de tal forma que nos impide ver nuestro espíritu y nos convence de que somos simplemente personalidad, con cuerpo, mente y emociones.

¿Qué es el Ego?

"Somos más que lo que hacemos, mucho más que nuestros logros y muchísimo más que nuestras posesiones"
-William Arthur Ward.
Escritor.

Existe una variedad de definiciones sobre el ego, tantas que varían desde las científicas, a las psicológicas, las filosóficas y las religiosas. Algunas incluso son bastante técnicas o dogmáticas. Sin embargo, no se trata de un tema complicado, y no se necesita un doctorado para comprender su estructura. Desde este punto de vista vemos al ego de la misma manera que lo hacían los griegos: como *un yo pequeño y separado.*

El ego es aquello que nos separa de los demás. Es una noción falsa que construimos de nosotros mismos, una historia acerca de qué y quiénes somos.

Eckhart Tolle, en su libro ***"Una nueva tierra"*** expone sus nociones sobre el ego y en uno de los capítulos del libro señala textualmente lo siguiente: *"La palabra "yo" encierra el mayor error y la verdad más profunda, dependiendo de la forma en como se utilice. En su uso convencional, no solo es una de las palabras utilizadas con más* *frecuencia en el lenguaje (junto con otras afines como "mío" y "mí") sino que también es una de las más engañosas. De la manera que la utilizamos en la cotidianidad, la palabra "yo" encierra el error primordial, una percepción equivocada de lo que somos, un falso sentido de identidad. Ese es el ego".*

Se podría decir que la idea del ego nace del Antiguo Testamento con la historia de Adán, Eva y la manzana prohibida, bien conocida por todos. Tras comerse el fruto del árbol de la sabiduría, "del bien y del mal", Adán y Eva pierden el paraíso y comienzan a ver el mundo de una manera diferente. Un mundo, percibido a través de los ojos del ego. Un mundo en el que existe lo bueno y lo malo, lo correcto y lo equivocado, lo bonito y lo feo.

Después de morder la fruta, los seres humanos empezamos a sentirnos avergonzados y culpables. Sabiendo que ya no somos suficientemente buenos, comenzamos a juzgarnos y en consecuencia, también juzgamos a los demás del mismo modo. Con el nacimiento del juicio aparecen las opiniones opuestas, la necesidad del castigo y de la separación. Adán y Eva cambiaron el paraíso por infierno y el amor por miedo.

"*Un Curso de Milagros*" nos da una definición fundamentada en ese cambio del amor por miedo y en la idea de la separación y nos dice que: "E*l ego es nuestra red de percepciones temerosas, derivadas todas ellas de aquella primera creencia falsa en nuestra separación de Dios y de los demás*".

Hay quienes relacionan al ego con la arrogancia o con el egoísmo; ambos son solo expresiones del mismo. El ego no es más que nuestra identidad. Su objetivo primordial es la inmortalidad, es por ello que su mayor temor es la muerte. El ego trata siempre de controlar, por lo que busca seguridad en el dinero y en la posesiones materiales. La humanidad busca siempre la consistencia, y es por ello que el ego se esfuerza, en cierto modo, por evitar el despertar espiritual, ya que cuando éste ocurre ve disminuido su poder y se siente fuera de control.

El Dr. Wayne Dyer, conocido mundialmente por su libro "Tus Zonas Erróneas", profesor de Psicología en la Universidad de St. John's en Nueva York, conferencista y escritor, en otro de sus libros "El Poder de la Intención", expone que el ego es una colección de nuestras ideas y le otorga seis componentes esenciales:

1. **Yo soy lo que tengo. Todo lo que poseo me define.**

2. **Soy lo que hago. Mis logros me definen.**

3. **Soy lo que otros piensan de mí. Mi reputación me define.**

4. **Estoy separado de los demás. Mi cuerpo define esa separación.**

5. **Estoy separado de todo aquello que falta en mi vida. Mi espacio vital esta desconectado de mis deseos.**

6. **Estoy separado de Dios. Mi vida depende de que Dios haga una evaluación de mis actos y determine cuanto valgo.**

Ahora bien, dediquemos unos minutos a pensar -¿Qué pasaría si en algún momento no tuviéramos posesiones materiales o nuestra reputación quedará destruida? -¿Qué pasaría si no alcanzáramos ciertos logros? -¿Qué pasaría si llegase el momento de jubilarnos, porque ya hemos alcanzado la edad prevista y para ese momento no fuésemos alguien importante?

Si hacemos que la idea de lo que somos dependa de cualquiera de los elementos que Dyer describe, y en un momento determinado alguno faltase... - ¿Qué sucedería? -¿No seríamos nadie? -¿Te parece justo que sea así?

El Ego está reflejado en la expresión «***YO TENGO***» mientras que el Espíritu lo está en la expresión «***YO SOY***». «***YO TENGO***» denota posesión, control, seguridad, pasión, soledad, envidia, poder, reconocimiento, avaricia y lástima. «***YO SOY***» significa Amor (incondicional), fe, confianza, desprendimiento. Ser feliz significa vivir en el «**YO SOY**» y comprender que eso es despertar a la espiritualidad.

> ***"Al ego le urge que consigas resultados, mientras que el alma simplemente te pide que disfrutes del proceso".***
> -Doreen Virtue.
> Psicóloga y autora creadora de la Terapia Angelical.

Sentirse vital y satisfecho tiene más que ver con el mundo interior que con el exterior, pero nuestro ego se encarga de que pensemos lo contrario. No quiere reconocer otra realidad más que la suya propia. No desea despertar y volverse totalmente consciente. No le gusta cuestionar la realidad en la que vive y nos impide ser libres porque su visión de la realidad es muy limitada. Puede convertirnos en personas ansiosas, confundidas, miedosas e infelices. Nos dice muchas veces que estamos en peligro y nosotros le creemos, cuando en realidad no es cierto que lo estemos. Manipulados por el ego somos como animalitos que, acostumbrados a estar en su jaula, tememos ser liberados.

> ***Es esencial saber reconocer la presencia del ego y la forma en la que puede interferir en la consecución de nuestros deseos. Cuando logramos dejar al ego de lado, y nos dedicamos simplemente a observarlo, podemos llegar a encontrar ese espacio interior donde hay quietud y donde reside el verdadero yo; ese espacio donde puedes conectarte con Dios y conocer tu verdadera esencia, ese espacio donde somos libres.***

Cuando descubres esa verdad, cuando entiendes cual es tu esencia y de donde proviene, es entonces, cuando comienzas a recibir todas esas cosas que querías tener, y de las cuales carecías cuando estabas dominado por el ego. Cuando comprendemos que todos somos ramas que forman parte de un mismo árbol se abrirá espacio para la paz y dejamos de pelearnos los unos con los otros, de criticarnos unos a otros, de juzgarnos unos a otros.

Desde que somos muy pequeños aprendemos a ver la vida desde el ego y a medida que vamos creciendo vamos alimentando a cada uno de sus componentes. Si hacemos memoria, recordaremos que nuestros padres siempre trataron de enseñarnos a ser buenos chicos y chicas, lo que supone que no lo éramos para empezar. Nos enseñaron que para ganarnos méritos debíamos hacer cosas buenas como, por ejemplo, sacar buenas notas, ser ordenados, colaborar con las tareas domésticas, ser educados y amables con los demás, etc. A muy pocos de nosotros nos enseñaron que somos buenos y que esa es la esencia de nuestra naturaleza. Tampoco nos enseñaron a ser queridos por lo que somos y no por lo que hacemos. Lamentablemente, nuestros padres no son responsables de esto, esa es la forma en la que ellos mismos fueron criados, no conocían ninguna otra manera y así ha venido sucediendo de generación en generación. Es el momento de hacer cambios y de utilizar al ego como un vehículo que nos permite recorrer nuestro camino. Si somos pacientes, compasivos y comprensivos ante sus fallos o faltas de equilibrio, el ego se convierte en una maravillosa fuerza natural que actúa a nuestro favor.

La otra cara del ego: La personalidad.

"No vemos las cosas como ellas son. Las vemos como nosotros somos".

-El Talmud.

El ego también tiene su lado importante y positivo. Es una parte de nosotros que nos ayuda a definirnos en la vida, es nuestra personalidad. El ego solo se convierte en un problema cuando se hace muy prominente y nos impide ver la realidad, evitando que comprendamos el dolor y los problemas de los demás. Incluso puede convertirse en una barrera que nos impide aprender. Cuando se agranda puede tener tendencia a desconocer la compasión y a tratar de auto-gratificar sus acciones, por eso debemos mantenerlo vigilado.

Un ego (personalidad) saludable es esencial. Promueve el respeto personal, establece límites, nos da la habilidad de ser asertivos y de decir "no" en los casos que amerite, nos permite estar alertas observando nuestros pensamientos y emociones y nos da sentido de individualidad. Nos da una personalidad única que nos permite vivir totalmente presentes en este mundo. Lo que es aún más importante es que puede ayudar a honrar tus deseos y necesidades.

No debemos ver al ego como nuestro enemigo. Lo más cercano a tener un enemigo es dejarnos guiar por el miedo. Cuando nuestras vibraciones están bajas, el ego actúa desde el miedo haciendo que nos comportemos de forma defensiva y en muchas ocasiones, incluso, utiliza el auto-sabotaje para reafirmarte que estas seguro y que eres querido. Actuando desde el miedo el ego también puede paralizarte o invitarte a huir, provocar peleas e inclinarte a la adicción. Controla o sacrifica y en la lucha eres víctima o mártir. Se consume en la culpa y en la indignación. Amenaza y suprime tus deseos y emociones. Tratando de hacer lo mejor por ayudarte, consigue precisamente lo contrario. Es cierto que puede existir un abismo entre el ego y el ser interior, pero al movernos de la rabia a la esperanza, y con la ayuda de la fe, nuestro ego se va volviendo saludable.

Un ego saludable ve al mundo a través del amor y trabaja en colaboración con el ser interior. En lugar de escuchar las voces del miedo, del juicio, de las normas sociales y de las expectativas de los demás, aquieta tu mente y te deja escuchar tu voz interior, la voz del amor. Esa voz que, no es tan escandalosa como la voz del miedo, pero que está siempre ahí para guiarte. Es suave y calmada. Te acaricia y te asegura que todo está bien. Te hace sentir conectado e infinito, ligero y libre. También te brinda seguridad y bienestar, al igual que estimula el valor y la estima. Te invita a quererte a ti mismo, a los demás y al mundo de manera incondicional. Está libre de ansiedad, culpa o actitudes defensivas. No ataca ni demanda. No busca la perfección ni necesita de nada o de nadie, cuando escuchas la voz del amor tu corazón se abre al universo y ves la belleza que hay en todo lo que existe.

Tener mucho ego o poco ego nos mantiene en desequilibrio y es preciso lograr la armonía. Un ego saludable es indispensable para poder participar en la sociedad en la que vivimos. Para lograr ese equilibrio, muchas corrientes del pensamiento, especialmente las de tradiciones religiosas, han desarrollado teorías para liberarse del ego, ¡como si eso fuera posible!. El ego es algo con lo que estamos a favor o en contra, no es algo de lo que nos podamos deshacer en un momento dado. Sin embargo, es importante que seamos capaces de identificarlo y de distinguir cuando actuamos desde el ego y cuando lo hacemos desde el ser, eso nos ayudará a mantenernos alertas, despiertos para tener la capacidad de comprender y de responder a las situaciones a las que nos enfrentamos de la mejor manera posible.

Algunas ideas que nos pueden ayudar a tener un ego equilibrado.

- Uno de los ejercicios que trato de hacer habitualmente es "escuchar". Cada vez que entablo una conversación con alguien me dispongo a escuchar atentamente a esa persona sin tratar de interrumpir la charla. Mientras lo hago, ignoro cualquier pensamiento o necesidad de opinar hasta que la persona termina de hablar. De esta forma dejo el ego a un lado y escucho desde mi interior, sin juzgar y dando espacio para que todo fluya.

- Otra de las practicas consiste en no dejar que el comportamiento de otros nos paralice. En otras palabras, evitar sentirse ofendido. Aquello que te ofende solo te debilita. Sentirse ofendido crea la misma energía destructiva que la que creó el ofensor y eso genera un ataque, porque quieres responder a la ofensa. En consecuencia, contraatacas y así comienza la guerra.

El Dr. Miguel Ruiz, en su libro "Los Cuatro Acuerdos", señala que: *"Cualquier cosa que la gente haga, piense o sienta no la tomes personalmente. Los demás siempre van a tener sus propias opiniones basadas en su sistema de creencias, por lo que cualquier cosa que otros piensen acerca de ti no es sobre ti, sino acerca de ellos mismos".*

- Deja de lado la necesidad de competir y ganar. El ego disfruta dividiéndonos en perdedores y ganadores. No somos ni nuestras victorias ni nuestras derrotas. Podemos disfrutar, competir y encontrar diversión en ello, sin involucrar nuestros pensamientos. No puede haber perdedores en un mundo donde todos compartimos la misma fuente de energía. La idea de perder está ligada al miedo, lo mejor es competir observando y disfrutando de lo que hacemos sin sentir la necesidad de ganar un trofeo por ello.

- No luches por tener siempre la razón ni por estar siempre en lo correcto. Ésta es otra de las cosas que disfruta el ego, que unos estemos en lo correcto y que otros estén equivocados para generar conflicto y hostilidad. Deja marchar la necesidad de estar en lo correcto y así evitarás estar al servicio del ego, colocándote al servicio de la bondad. Darle la razón a alguien en algún momento te hará sentir tan bien como cuando alguien te dice que estás en lo correcto.

- Olvida la necesidad de sentirte superior. La verdadera nobleza no reside en el hecho de ser mejor que alguien; reside en el hecho de ser mejor de lo que tú mismo eras antes. Todos somos iguales ante los ojos de Dios; deja marchar la necesidad de sentirte superior simplemente viendo a Dios y a ti mismo en cada ser humano.

- Olvida la necesidad de siempre querer mas. El ego nunca está satisfecho, siempre tendrá una razón para querer algo más. Una vez que la necesidad anterior haya sido satisfecha, vendrá una nueva y esto se convertirá en una situación permanente a lo largo de nuestras vidas. Cuando se aprecia lo que se tiene sin demandar más y más, te das cuenta de que siempre tienes y siempre recibes.

- Deja de identificarte por tus logros. Este es un concepto que suena difícil. Pero simplemente piensa que Dios escribe toda la música, Dios canta todas las canciones, Dios construye todos los edificios y Dios es la fuente de todos nuestros logros.

- Deja marchar tu reputación. Tu reputación no reside en ti, sino en la mente de los demás, por lo que está fuera de tu control. Si hablas con veinte personas tendrás veinte reputaciones distintas. Haz lo que tienes que hacer solo en conexión con tu voz interior, deja que ella sea tu guía. Deja tu reputación para que otros la discutan, no tiene nada que ver contigo, como dice el título de un libro que suelo recordar cuando, a veces, me preocupo por lo que otra persona pueda pensar de mi: "Lo Que Tú Piensas De Mi No Me Interesa". (Título Original: "What You Think Of Me Is None Of My Business"). Los seres humanos estamos constantemente cambiando y por consecuencia también cambia nuestra reputación. Una cita de Bryan Weiss (autor de los libros "Lazos de Amor", "Muchas Vidas, Muchos Maestros" y "Solo el Amor es Real" entre otros) que me viene a la memoria dice: *"Los seres humanos estamos constantemente cambiando y creciendo... nunca te limites a quedarte atado a la imagen negativa que tienes de una persona en el pasado, mira a esa persona ahora, en el presente".*

Cuando dejamos de ver el mundo desde el ego desaparece la necesidad de sentirnos especiales, no intentamos tener siempre la razón, no buscamos ser amados, ni deseamos estar en conflicto con los demás, porque otros siempre tendrán ideas distintas a las nuestras. Dejamos de pensar que existen barreras entre los seres humanos y comprendemos que lo que compartimos con los demás, también lo compartimos con nosotros mismos. Aquello que le negamos a los demás, nos lo negamos igualmente a nosotros mismos. En cualquier ocasión en la que elegimos el temor y no el amor, que es nuestra verdadera esencia, nos privamos de la existencia de un mundo mejor; y en la misma medida que abandonamos el amor sentimos que el amor nos ha abandonado.

La mejor forma de dominar al ego es conociéndolo perfectamente, entendiendo cuando está a tu servicio y cuando no lo está. Un ego en tu contra sobreactúa y sobre protege, y un ego a tu favor sabe cuando sostenerte o soltarte, tiene limites y respeta las formas en que los seres humanos estamos interconectados

“El amor sólo da de sí y nada recibe sino de sí mismo. El amor no posee, y no se deja poseer: Porque el amor se basta a sí mismo. Cuando améis no debéis decir “Dios está en mi corazón” sino “estoy en el corazón de Dios”.Y no penséis que podréis dirigir el curso del amor, porque el amor, si os halla dignos, dirigirá vuestro curso. El amor no tiene mas deseo que el de alcanzar su plenitud”.

-Khalil Gibran.
El Profeta.

3

Despertando el amor.

"La lección más importante que debemos aprender es la de amar incondicionalmente, no solamente a los demás sino a nosotros mismos"
-Elizabeth Kübler Ross.
Psiquiatra y autora.

Estamos viviendo tiempos emocionantes y llenos de una nueva energía que fluye a lo largo y ancho de todo el planeta. Una transformación radical está ocurriendo individual y colectivamente. La ciencia y la espiritualidad están convergiendo para propiciar el nacimiento de una nueva y holística forma de ver la vida que ya está alcanzando todos los rincones de la sociedad. Esta nueva visión va más allá de las rígidas doctrinas, del sectarismo, del concepto de una religión única y verdadera y de las sofocantes restricciones del dogma. Cada uno de nosotros está siendo llamado a aceptar el desafío que implica abandonar la forma en la que estamos viviendo nuestras vidas para adoptar una nueva en la que tendremos la posibilidad de desarrollarnos y pensar por nosotros mismos, en la que descubriremos a nuestro maestro interior y en la que tomaremos absoluta responsabilidad por nuestras acciones.

-¿Te has dado cuenta de que el mundo físico es tan solo una ilusión? ¿Qué en realidad está hecho de luz? ¿Y qué tu cuerpo físico, si tan solo pudieras verlo claramente, está compuesto de luz?

La humanidad esta presenciando el despertar y está dando pasos hacia una forma de vida en la que entenderemos que somos co-creadores (junto a Dios) de nuestra realidad. Este nuevo paradigma, que aborda la verdadera realidad del ser humano, ha sido defendido por pensadores, terapeutas, físicos cuánticos, maestros espirituales y psicólogos.

Esther y Jerry Hicks en su libro "La Ley de la Atracción" dicen que *"Todas las personas, circunstancias, eventos y situaciones son atraídas hacia ti por el poder de tus pensamientos"*.

Creamos los acontecimientos que tienen lugar en nuestra vida, y por consecuencia, sean éstos buenos o malos, siempre seremos responsables por ellos. Creamos el éxito, los fracasos, las enfermedades, la buena y mala suerte, los problemas, los traumas, los accidentes, y en general, todo cuanto nos sucede. Cada uno de nosotros es la fuente de nuestra alegría y de nuestro sufrimiento. Todos y cada uno de los momentos de nuestra vida es creado (o permitido) por nuestras creencias, actitudes, pensamientos, sentimientos, elecciones, deseos y expectativas.

Cada pensamiento vibra, cada pensamiento genera una señal, y cada pensamiento atrae una señal similar a la suya. Este proceso se denomina la Ley de la Atracción. La Ley de la Atracción es la ley más poderosa del universo y expone que: *"todo aquello que es similar se atrae"*.

La Ley de la Atracción está constantemente trabajando, siempre en movimiento. Es por ello que si enfocamos nuestra atención hacia las cosas positivas atraeremos por consecuencia lo bueno y lo positivo; si por el contrario nos enfocamos en lo negativo y en lo que nos falta continuaremos atrayendo lo mismo en nuestras vidas. Más adelante se puntualizaré en detalle la forma en la que la Ley funciona.

El resultado, de esta nueva visión de la realidad, es que hemos comenzado a reemplazar conceptos como los del miedo, la lucha, la escasez, la victimización, etc. por los del amor, la creatividad, la alegría, la abundancia, etc., dando paso con ello al nacimiento de una nueva conciencia.

Lo fundamental en toda esta transformación es cambiar los pensamientos temerosos por pensamientos amorosos, los pensamientos limitantes o pensamientos caóticos por aquellos pensamientos que liberen y procuren paz. Somos como crisálidas que por miedo al cambio y a quedarnos solos tememos dejar el capullo para convertirnos en hermosas mariposas. Tenemos miedo porque solo conocemos una forma de vida y es la que hemos estado viviendo hasta ahora. Sin embargo, nuestras conciencias se están elevando y estamos aceptando el cambio. Estamos, sin darnos cuenta, *despertando al amor.*

Esta transformación implica un cambio desde adentro hacia afuera. Gandhi, por ejemplo, dice que "*debemos ser parte del cambio que queremos ver en el mundo, buscando fallos en los demás destruimos nuestra paz interior y es la paz interior la que hará posible que exista la paz mundial.*"

La mejor forma de promover un cambio es fomentando el amor incondicional. El amor que acepta y considera, en lugar del que excluye y rechaza. El amor que sana heridas y rupturas. El amor que escucha con el corazón abierto. El amor que respeta e incluye. El amor que aprecia lo que es y lo que hay. El amor que no juzga y otorga valor a las cosas simplemente por lo que son.

Para que nuestras perspectivas cambien es necesario que veamos el mundo con amor y compasión. Debemos optar por la idea de la unidad, en lugar de seguir promoviendo el miedo y la separación.

Cada vez que hablamos del amor la mayoría de nosotros encuentra difícil explicarlo. Al mencionar el tema lo primero que se nos viene a la mente es el amor romántico, el amor de pareja, porque sabemos lo qué se siente y cómo se siente. Se confunde, también, con el amor paternal, el amor fraternal, el amor entre amigos, etc. No obstante, cuando se trata de definir el amor nunca encontramos las palabras adecuadas para hacerlo. El amor es algo que va mucho más allá de las palabras. Es un sentimiento auténtico, puro y natural, que comienza dentro de nosotros mismos para luego proyectarse hacia todo lo que es y todo lo que hay.

Al empezar mi recorrido, una de las primeras cosas que quise hacer fue tratar de encontrar las palabras adecuadas para definir el amor. Esta inquietud nació después de leer una carta que mi maestra espiritual Carole Thornton me escribió y en la conclusión, justo antes de su firma, decía lo siguiente: "Recuerda que recoges aquello que siembras". Medité mucho sobre esa idea. Quise, incluso, elaborar una lista de todas las cosas que me habría gustado sembrar (metafóricamente hablando), pero al intentar hacerlo, me di cuenta que todas aquellas ideas que figuraban en la lista tenían como denominador común al amor. Me dispuse a juntar frases que describieran lo que para mi significaba la palabra amor, dando como resultado lo siguiente:

El amor es energía,
es la mas alta de las vibraciones,
es un estado de alegría permanente,
es tomar la mano de quien necesita ayuda,
es cuidar de los demás como cuidas de ti mismo,
es mirar a los ojos de los otros para ver en ellos sus necesidades,
es eso que proviene de Dios y compartimos con El,
el amor es la herramienta para sanar más poderosa que existe.

El amor es esa energía que lo conecta todo, que nos permite vivir en armonía con los demás. El amor nace en nuestro interior, empieza en casa y siempre regresa a casa. Cuando nos amamos incondicionalmente a nosotros mismos somos capaces de proyectar ese amor a los demás.

Amarte a ti mismo significa centrarte en ti mismo, cuidarte y, más que nada, optar siempre por lo que es mejor para ti; este logro te permitirá disfrutar en pleno la vida que has elegido vivir. Esto es algo totalmente saludable. Es diferente al egoísmo. Ser egoísta es tratar de hacer que alguien viva la vida que tú has escogido para ellos. Esto si que no es saludable. Por ejemplo, cuando tome decisiones que sean buenas para mi, a la larga serán buenas para quienes me rodean. Esto no significa que no me importen los demás cuando tomo decisiones, todo lo contrario. Quiero a mi familia, a mis amigos y me encanta estar al servicio de la gente. Siempre quiero dar lo mejor de mí. Pero debo ser consciente de que para dar más tengo que tener más, para dar lo mejor de mi tengo que tratar, siempre, de ser mejor y para lograrlo debo actuar con honestidad, cuidando de mi misma, porque a fin de cuentas nunca podremos dar aquello que no tenemos. ***Dando amor, recibimos amor.***

Del miedo al amor.

"He aprendido que la gente olvida lo que dices, olvida lo que haces, pero nunca olvida lo que les has hecho sentir".

-Maya Angelou.

Poeta Americana.

Escuchaba por la radio al Reverendo Ed Bacon en una entrevista que le hacía la famosa periodista americana Ophra Winfrey para su programa "Soul Series", (Series del Alma). Me causó admiración la conversación que estaban entablando por la frescura, la sinceridad y el amor incondicional que se podían percibir en el mensaje del Rev. Bacon.

En un segmento de la conversación el Rev. Bacon dijo algo que llamó mí atención. Parafraseando dijo más o menos lo siguiente:

"Hay dos casas en las que podemos habitar: en la casa del miedo o en la casa del amor. Cuando se vive en la casa del miedo se coloca a Dios en un caja, se olvida la teología, la espiritualidad, y se critica cualquier cosa que tenga un significado profundo o universal, para poder de esta manera intentar calmar la ansiedad que produce escuchar una verdad que pueda implicar un cambio. Cualquier cosa que haga tambalear la certeza que crees tener sobre el mundo que te rodea y la realidad que vives te invita a atacar".

La mayoría de nosotros actuamos con violencia, no necesariamente violencia física, sino emocional. Lo hacemos con mayor intensidad si alguien nos propone una idea que puede alterar la forma de la que pensamos y vivimos. Hemos conocido un mundo en el que el amor no ocupa el primer lugar, porque ese lugar ha sido sustituido por el miedo.

El miedo es algo que todos experimentamos porque hemos aprendido a vivir en él. La mayoría de las veces, sin ser conscientes de ello dejamos que se convierta en nuestro guía. Incluso, cuando ya has comenzado a conocer la espiritualidad, hay momentos en que él llama a la puerta. Ese momento en el que aparece yo lo llamo "*la noche oscura del alma*", porque enturbia la luz que hay en ti. Viene y entra sin pedir permiso, y una vez dentro te intenta dominar, haciéndote dudar e incitando a que tires la toalla. Gradualmente va disminuyendo, en la medida en que el amor va ganando terreno, hasta que sus visitas se van haciendo cada vez más esporádicas; y si alguna vez regresa es completamente ignorado.

Vivir en el miedo es como vivir en la oscuridad,
vivir en el amor es igual que vivir en la luz.

"No es valiente quien no tiene miedo,
sino quien sabe conquistarlo"
-Nelson Mandela.
Ex-Presidente Sudafricano.

Liberarse del miedo para algunos de nosotros puede ser algo que se diga con facilidad pero que resulta difícil de lograr en la práctica. Basándome en mi propia experiencia puedo decir que es algo que se consigue y que no es tan complicado como parece. Entiendo que existen distintas maneras de hacerlo, y que para algunos de nosotros puede resultar menos complicado que para otros. En mi opinión es cuestión de desear realmente hacerlo, de tener paciencia y disciplina en la práctica de ejercicios de respiración, meditación y relajación, y de realizar afirmaciones y visualizaciones; herramientas de las que hablaremos en un capítulo posterior.

La identificación con tu mente crea una sombra de conceptos, etiquetas, imágenes, juicios y definiciones que hacen que cualquier relación auténtica se vuelva confusa. Se interpone entre ti y tu verdadero yo, entre ti y tus semejantes, entre ti y la naturaleza, entre ti y Dios. Es la sombra de los pensamientos la que crea la ilusión de la separación, haciéndote creer que tú existes separado de los demás. Y así te olvidas del hecho de que bajo ese nivel de apariencia física y formas separadas, tú eres uno con todo lo que existe.

-Eckhart Tolle

4

La voz interior: Tu verdadera guía.

"Debes aprender a ponerte en contacto con la más profunda y pura esencia de tu Ser. Esta esencia verdadera va más allá del ego, no conoce el miedo; es libre; es inmune a la crítica; no le teme a ningún reto, no es inferior a nadie, ni superior a nadie, está lleno de magia, misterio y encanto."

-Deepak Chopra.-

Las Siete Leyes Espirituales del Éxito

Muchas culturas tratan de convencernos de que solo somos lo que vemos, lo físico, la carne, los huesos. Y hay quienes creemos, como yo, que existe algo más grande y superior que va más allá de lo físico y que constituye nuestra verdadera esencia. Esa parte física que podemos ver con nuestros ojos está acompañada de una parte inmaterial de la cual ya he venido hablando en capítulos anteriores. A esta parte inmaterial los famosos autores del best seller ***"Pide y te será concedido"***, Esther y Jerry Hicks, la definen como: *"amplia, mayor, sabia y eterna"* y a la que desde ahora denominaré "Ser Interior".

Una vez que comprendes conscientemente la relación entre tu parte física y tu ser interior (parte no física) entonces recibes verdadera guía, recibes la orientación de una voz sabia, suave y calmada que es no es otra cosa que la voz de tu ser interior, la voz de tu verdadera esencia, la voz del espíritu.

Lamentablemente nos han educado para utilizar la mente y hemos aprendido, de manera errónea, que el intelecto es superior a la voz interior; en consecuencia estamos acostumbrados a tomar las decisiones con el intelecto (mente) sin escuchar a la voz interior (corazón), haciendo que nuestro guía interior se quede callado y paralizado.
La buena noticia es que nunca deja de funcionar completamente y siempre tienes la oportunidad de poderlo escuchar para que pueda guiarte en tus decisiones. No es un beneficio del que solo disfrutemos algunos. Sin duda, lo podemos hacer todos. Estamos capacitados para sentir y para escuchar a nuestro ser interior.

"La condición humana: se ha perdido en el pensamiento"
-Eckhart Tolle.

El líder espiritual Eckhart Tolle dice que *"el gran obstáculo que te impide conectarte con tu ser interior es la identificación con tu mente que convierte al pensamiento en algo compulsivo"*. Cuando tu atención siempre está fijada en el presente, siempre estás en contacto con tu ser interior. Cuando dejas de identificarte con tu mente, con tus pensamientos, es cuando entras en contacto con la paz de tu ser interior, él cual es inseparable de Dios. Cuando dejas de escuchar a tu voz interior es porque te has desconectado de tu espíritu y de la fuente que te creo (Dios) y por consiguiente del flujo de la vida.

¿Cómo escuchar la voz interior?

"Tu razón te ha desorientado. La mayor desorientación es ésta: no puedes creer que tengas un guía interior"
-Osho.
Filósofo.

La voz interior proviene del silencio de tu mente. Pienso, incluso, que seria mejor llamarla "la voz del silencio".Emana de lo más profundo de tu ser, su proveniencia es algo que no debes tratar de comprender porque va mas allá del entendimiento y al intentar buscar una explicación con la mente la voz se pierde, se desvanece.

Cuando te dejas de identificar con tus pensamientos es cuando te haces verdaderamente presente en el mundo y desde ese despertar al momento presente te permites vivir solo en el ahora dejando que la voz de esa presencia dirija el curso de tu vida.

Escuchar la voz interior es escuchar la voz de nuestro ser interior, la voz del espíritu.

Puedes pensar que es algo confuso eso de escuchar a la voz interior y que es imposible diferenciarla del intelecto. Es más simple de lo que parece, y como en todos los procesos de aprendizaje, solo requiere práctica. Debes estar siempre alerta y examinar los pensamientos que llegan a tu mente.

Una de las cosas que te ayudan a diferenciar el intelecto de la voz de tu ser interior es que la voz interior nunca te empuja ni te obliga a actuar, mientras que el intelecto trata siempre de interferir diciéndote cuando, como y donde debes actuar. La voz interior te va llevando sutilmente y te va mostrando las posibilidades.

Cuando tu interior toma una decisión, sientes una energía que corre de la boca del estomago hacia arriba, hacia el corazón. Cuando es tu intelecto el que decide, va de arriba hacia abajo, ya que decides con la superficie y luego se desliza hacia abajo. La voz que viene del ser se dirige siempre hacia la mente.

Seguramente en algún momento de tu vida has escuchado a alguien decir, incluso a ti mismo, 'necesito pensar para tomar una decisión, necesito estar en paz para poder pensar'. Es bueno tener momentos a solas y en silencio pero no ***para pensar***, sino para ***dejar de pensar*** y lograr conectarte con tu verdadera esencia.

Los pensamientos no son más que una repetición de ideas que viajan en la mente de un lado a otro con la facultad de alterarte, preocuparte, angustiarte, evitando que seas capaz de encontrar soluciones apropiadas. Tenemos que buscar el silencio y la paz para poder callar nuestra mente y así dejar fluir esa voz interior.

En el silencio de nuestra mente encontramos soluciones a nuestros problemas, es en la quietud de nuestra mente donde podemos encontrar respuestas y conectarnos con nuestra verdadera esencia y con Dios. Una mente en silencio es una mente en paz, es un campo fértil para el amor y el bienestar.

En más de una ocasión he escuchado a amigos, familiares y clientes decir que es imposible callar la mente, que es imposible dejar de pensar, 'no puedo, no puedo, no puedo'...¡Cada vez que me siento a meditar me bombardean los pensamientos!

No es imposible y todos podemos hacerlo, es cuestión de práctica. Lo que sucede es que muchos se rinden a la primera y no siguen intentándolo, más que nada, por temor a lo que vayan a encontrar. Si tan solo supieras que aquello que vas a encontrar es algo tan fascinante, que no se puede describir con palabras, no dudarías por un instante en dedicarle tiempo.

La mente requiere entrenamiento; así como podemos programarla para hacer las tareas diarias, también podemos programarla para que disfrute del silencio, de la meditación, de la relajación, etc. La mente es un instrumento maravilloso si la sabes usar correctamente. Si por el contrario no le das un uso correcto puede ser muy destructiva. Normalmente no usamos la mente, ella nos usa a nosotros. Creemos que somos solo la mente y actuamos dominados por el intelecto.

Imagina alguien que está intoxicado, alguien que ha consumido alcohol por varios años y ahora desea dejar de hacerlo para limpiar su cuerpo y cambiar su vida. La simple decisión de dejar de tomar no hará que su cuerpo se desintoxique de un día para otro. Igual sucede con la mente. Se intoxica con pensamientos y requiere tiempo, paciencia y dedicación para poder desintoxicarla.

Debes estar siempre alerta, analizando los pensamientos que llegan a tu mente, cambiando aquellos negativos por positivos para que la mente se vaya purificando, convirtiéndose en un campo fértil solo para cultivar lo positivo. A medida en que te haces presente te conviertes en una persona que observa los pensamientos y eres capaz de cambiarlos a tu favor y facilitar la conexión con tu ser interior.

Lo más importante para establecer ese contacto con tu ser interior y escuchar su guía y sabiduría, es tener la disposición a hacerlo. Requiere abandonar la pereza espiritual y el apego al mundo en el que vivimos y realizar ejercicios que ayuden a fortalecer los músculos espirituales. De la misma manera en la que se hacen ejercicios para fortalecer el cuerpo físico se pueden hacer ejercicios para fortalecer el espíritu. Unos músculos espirituales fuertes te permitirán vivir con intensidad. Vivir con intensidad no significa que debas tomar riesgos, ni tomar vacaciones a sitios recónditos o salir en búsqueda de paraísos aún sin descubrir. Vivir con intensidad es vivir en conexión con el universo, con la certeza y la comprensión de que somos partes de él y de que tenemos un propósito que cumplir: el propósito de ser felices.

Para conectarte con tu interior y con todo lo que existe solo tienes que tener la disposición de hacerlo.

Normalmente el ser humano hace muchas cosas por el bienestar del cuerpo físico: tratamos de mantenerlo en forma, hacemos ejercicio, nos aplicamos cremas y perfumes, compramos ropa bonita, zapatos y accesorios cómodos y a la moda, compramos aparatos de televisión para distraernos, ipods, en fin, cualquier efecto material que nos procure satisfacción. Una satisfacción que será solo momentánea. Estamos dejando de lado lo primordial, el Ser Interior. No eres consciente de que te puedes ver aun más hermoso proyectado tu interior y de que puedes sentirte más satisfecho en conexión con él.

Muchas personas antes de salir de la casa a trabajar o a llevar a los niños a la escuela, o ir al mercado, al banco, etc. dedican tiempo a su apariencia personal y cuando están arregladas, piensan que están listas para enfrentarse al mundo y salen a la calle a encarar al mundo arregladas *exteriormente.* Estar arreglados en apariencia no impide que nos desgastemos física y mentalmente. Estar arreglados interiormente nos previene ese desgaste. Por eso es igualmente necesario cultivar el espíritu, alimentarlo para tener la fortaleza necesaria para emprender un nuevo día. No hace falta el día entero para ello, con dedicar 15 ó 20 minutos cada día a tu ser interior no es nada comparado con el beneficio que ello te brindará.

Lo que debes hacer durante esos 15 ó 20 minutos es relajarte, respirar, observar tus pensamientos, disfrutar del silencio, orar, pedir, afirmar, contemplar, visualizar. También escuchar música, un tipo de música que te permita despejar tu mente, enfocándote en tu respiración, visualizando luz en tú interior, sintiendo tú conexión con Dios y cuando sientas la tranquilidad que esa conexión te produce, pídele que te llene de luz y que permita que tu energía fluya libremente para que puedas alcanzar tus objetivos día a día.

El intelecto siempre va a tratar de interferir diciéndote que no tienes tiempo para esas tonterías, que lo que tienes que hacer es trabajar o limpiar, lavar, cocinar, atender a los niños etc. pero esos minutos que dedicas a tu conexión se multiplicarán durante el día, haciendo que fluya de la mejor forma posible. Es solo cuestión de intentarlo. Sino lo pruebas nunca podrás comprobarlo. Tu ser interior siempre ofrece una perspectiva que te brinda mayor beneficio y cuando tu perspectiva concuerda con la del ser interior se produce una atracción positiva; es por eso que tu día y todo cuanto tengas que hacer se desenvolverán de la mejor manera posible.

Mientras mejor te sientes, mejor será tu punto de atracción y mejor saldrán las cosas para ti.

La practica de la meditación es la mejor de las herramientas para establecer ese contacto con nuestro ser interior y sobre la cual hablaremos con mas detenimiento en un capitulo posterior.

¿Cómo se comunica mi ser interior?

"Las emociones son la conexión corporal entre la materia y el espíritu".

-Dra. Candace Pert.

Las emociones son las que nos dicen físicamente como esta la relación con nuestro Ser Interior.

Tu espíritu (ser interior) vibra a frecuencias muy elevadas, por lo que las vibraciones más rápidas te acercan al espíritu y las vibraciones más lentas te mantienen en los problemas.

Las vibraciones altas se sostienen con pensamientos que tienen frecuencias altas, es decir, pensamientos positivos, amorosos, armoniosos, alegres y compasivos. Los pensamientos con frecuencias lentas son pensamientos de miedo, duda, odio, rabia, envidia, pensamientos que enjuician y que mantienen tus vibraciones muy bajas.

En la medida en que tus vibraciones se vayan haciendo altas lograrás mantenerte en sincronía con tu ser interior. Cuando te sientes bien vibras rápidamente, que es la forma de vibrar para la que hemos sido creados; de esta manera te conectas con tu ser (espíritu) y es cuando obtienes guía y respuestas. Cuando tus vibraciones son altas tu parte física y tu parte espiritual se toman de la mano y es entonces cuando puedes dar lo mejor de ti y cuando obtienes lo mejor que la vida tiene para ofrecerte.

> ***Cada pensamiento vibra, cada pensamiento genera una señal y cada pensamiento atrae una señal que se corresponde con ese pensamiento. Llamamos este proceso "La Ley de la Atracción".***
>
> *-Esther y Jerry Hicks*
> *Conferencistas y autores.*

Los pensamientos con bajas vibraciones bloquean todo aquello que deseas y no te dejan avanzar. Si la vibración que estás emitiendo es una de preocupación o de escasez, o cualquier otro tipo de vibración baja que te hace sentir de cualquier manera menos bien, te estás poniendo en contradicción con la vibración de tu ser interior, que siempre es alta, y con los propósitos de tu parte física y de tu parte espiritual están en desacuerdo y el resultado es que sentirás una emoción negativa. Tu emoción te está indicando que tu perspectiva y la perspectiva de tu ser interior no concuerdan.

Pongamos un ejemplo; te ha ocurrido algo y comienzas a pensar que podrías haber hecho las cosas de otra manera, que eres tonto y que te falta valor para hacer las cosas de manera diferente, etc, etc. Por el contrario, tu ser interior está pensando lo has hecho lo mejor que has podido, que eres inteligente y que tienes el valor que se necesita para enfrentarte a esa situación. Ambas opiniones son diferentes, la de tu intelecto y la de tu ser interior y esa diferencia se expresa en forma de emoción negativa.

Cuando te sientes bien te estás conectando con tu espíritu y vibras con una frecuencia que se aproxima a la frecuencia del ser interior. Cuando te sientes mal, o frustrado, o enfadado, te desconectas y permites que fluyan a través de ti vibraciones bajas o negativas que son extrañas para tu cuerpo.

No es necesario que trates de controlar tus pensamientos todo el tiempo para que tus vibraciones se mantengan altas, lo importante es que prestes atención a tus emociones. Cuando eliges un pensamiento que no esta en armonía con el criterio de tu ser interior (que es más amoroso, mayor y más sabio) te sentirás incomodo, lo que te invitará a dirigir tus pensamientos hacia algo que te haga sentir mejor y que se ajuste más a tu propósito, que no es otro que sentirte bien, ser feliz y vibrar tan alto como puedas.

Cuando tienes emociones positivas sobre algo quiere decir que estás en alineación con tu propósito y que estás en camino de obtener aquello que siempre has querido, o que recientemente quieres, y que te hará feliz. Estarás en ruta de obtener algo que mejorará tu vida, que te hará sentirte bien, y por consecuencia hará aumentar tus vibraciones para acercarte a lo que es tú estado natural. Este es el reto diario que la vida te presenta.

Cuando tus pensamientos se dirigen hacia aquello que deseas sentirás emociones positivas. Cuando pienses en lo que no deseas, sentirás emoción negativa. Por lo que lo más importante es prestar atención a aquello que sientes.

Esta claro que existen dos clases de energía, una que nos hace sentir bien y otra que nos hace sentir fatal. Al mismo tiempo, entre estos dos tipos de energía hay varios niveles vibratorios. Dicho de otra manera, hay distintos niveles de buenas vibraciones y distintos niveles de malas vibraciones, generados por nuestros propios pensamientos. Normalmente las llamamos energía positiva y energía negativa.

Cada vez que pensamos en algo, ese pensamiento se impregna de una energía (positiva o negativa) por lo que tenemos que tener muy en cuenta lo siguiente: ***así como pensamos-sentimos; así como sentimos-vibramos; así como vibramos-atraemos.*** Y luego nos toca vivir con los resultados de aquello que hemos atraído.

Todo lo que está en el universo responde a una vibración, es una ley universal. Atraes a tu vida las cosas en virtud de lo que piensas y comprender tus emociones te permite saber si estás en proceso de crear algo que deseas o que no deseas.

Recuerda que la alegría es el estado natural de nuestro ser interior y te sirve para tener una reacción sobre como se esta desarrollando tu vida y para indicarte si estás en el camino para alcanzar tus deseos y tus sueños. Si te sientes emocionado, alegre, estás viviendo en armonía con tu ser interior y significa que estás en el camino indicado para conseguir lo que deseas. Quiere decir que estás enfocado, que tus pensamientos, tus ideas, tus actividades se están moviendo en dirección hacia tus propósitos, sueños y deseos.

Si te sientes furioso, deprimido, triste, y sin esperanzas quiere decir que estás atendiendo a pensamientos que no están acordes con tus propósitos, sueños y deseos. Vas por el camino equivocado. Tus emociones te están indicando que es momento para un cambio, te están diciendo que es momento de enfocarte en algo diferente, de cambiar el tema de conversación, de hacer algo distinto, de visitar otros sitios para que tus vibraciones aumenten y puedas sintonizarte con la alegría.

Es tu estado de vibración el que atrae lo que deseas, por lo que, es importante que mantengas tus emociones tan positivas como puedas para así ser capaz de atraer objetos, experiencias y situaciones que estén acordes con tus propósitos, sueños y deseos.

Varias investigaciones han demostrado que lo que sientes es más importante que lo que piensas o dices. Tus emociones nunca mienten. Son el verdadero indicador de lo que estas pensando. Tú tienes que estar siempre atento. Si tus pensamientos no son positivos déjalos escapar y cámbialos por otros más positivos. Elige siempre pensamientos que te produzcan emociones positivas y si lo que te hace sentir mal es alguna actividad en la que estas envuelto, deja de hacerla, sustitúyela por otra que te haga sentir mucho mejor, abandona el miedo y confía en que el resultado siempre será positivo.

Sin duda existirán momentos en tu vida en los que inevitablemente habrá tristeza, dolor, desilusión, etc. ya que son parte del flujo natural de la vida, los altibajos son indispensables para poder apreciar lo que tenemos. Si no existieran las bajas no nos daríamos cuenta de que existe la luz al final del camino. Los momentos duros, dolorosos o difíciles son oportunidades para crecer emocional y espiritualmente, son los que nos hacen apreciar las bendiciones que tenemos. En realidad no hay ni buenos, ni malos momentos en nuestras vidas, es solo que tenemos ideas preconcebidas y percepciones sobre como deben ser las cosas y a partir de ello calificamos los eventos que nos acontecen. Lo más importante es la actitud que asumimos ante tales eventos. Es esta actitud la que determina la calidad del aprendizaje, teniendo siempre presente que cada evento bueno o malo nos brinda una oportunidad para crecer y mejorar.

Observa la siguiente escalera emocional y trata de utilizarla para controlar tus emociones. Ya sabes que las emociones positivas atraen experiencias positivas y que las emociones negativas atraen experiencias negativas actuando en contradicción con nuestro ser interior.

Cuando eres negativo vives en resistencia. La resistencia es una energía contradictoria, es una energía que va en contra del flujo natural de la fuente de energía que es Dios y que está en permanente contacto con tu ser interior. Significa que tus deseos e intenciones no están en línea con tus deseos y expectativas, o que estás teniendo pensamientos que no son alegres y amorosos. Cuando no eres positivo es porque estás escuchando a la voz del miedo, la voz del intelecto; té estás identificado con tu mente, con tus pensamientos, y es entonces, cuando entras en conflicto con tu verdadero ser. Al desconectarte de tu ser interior, y al ser negativo, simplemente le estás diciendo "no" a los regalos del universo.

Altas Vibraciones

Conectándote Con tú Ser Interior

ESCALERA EMOCIONAL
Amor, alegría, pasión, confianza, gratitud, entusiasmo, claridad, libertad, intuición, entrega, compasión
Felicidad y optimismo
Esperanza, satisfacción
Pesimismo y aburrimiento
Frustración, irritación e impaciencia
Abrumaciòn, preocupación, desilusión, duda
Culpa, rabia, control,
Odio, ira, envidia, celos, obsesión
Culpabilidad, inseguridad, desvalorización, auto sacrifico, sentirse atrapado o controlado
Miedo, depresión, desorientación, impotencia, dolor

Creando Mayor Resistencia

Bajas Vibraciones

"Nada nos ata más que el rencor y el odio. El perdón es la clave de nuestra libertad. Recordar el sufrimiento es la mayor de las esclavitudes. ¿Cuántas veces nos hemos engañado diciendo que hay cosas que no se pueden perdonar y olvidar? No es más que una excusa para seguir aferrados a la persona o personas que nos han herido; es una forma de no dejarlas marchar y de seguir anclados en el pasado. Eso nos priva de libertad, apaga nuestra alegría y nos mata lentamente. No permitas que nadie te robe la vida. No es al otro a quien has de perdonar, sino tú él que te has de liberar.
Él que te ha ofendido quería tener poder sobre ti y si no le perdonas le estás dando lo que buscaba. Perdona, olvida y sigue adelante.

-Louise Hay.

5

El Perdón.

"Perdonar es abandonar cualquier
esperanza de un pasado mejor"
-Gerald G Jampolski.
Psicólogo y autor.

Una de las cosas que nos permiten avanzar espiritualmente es poder ser conscientes de nuestras emociones. Ser consciente de las emociones significa saber reconocer lo que se siente en cada momento. Algunas veces no somos capaces de reconocerlas con facilidad porque son emociones dolorosas que preferimos mantener guardadas; pero si no las destapamos, nuestro crecimiento espiritual se estanca.

Las emociones dolorosas tienen su origen en una parte atemorizada de la personalidad y necesitamos descubrirlas, manejarlas y sanarlas para que podamos seguir desarrollándonos espiritualmente.

Una de las herramientas que nos permite sanar las emociones es el perdón, y, aunque puede convertirse en un verdadero desafío para algunos, su práctica es importante para poder liberarse del resentimiento, de la desilusión, del odio, de la rabia y así, lograr sanar las heridas que esas emociones nos han causado.

Cuando perdonamos nos hacemos libres y esos sentimientos negativos, que antes nos mantenían atados, ya no pueden seguir controlando nuestras vidas. Con el perdón desaparecen la ira y la indignación, al igual que desaparecen la necesidad de convencer a los demás de que nos equivocamos y la tendencia a convertirnos en víctimas, permitiéndonos dar pasos hacia una conciencia más libre.

El perdón es una herramienta auto-sanadora. Antes de perdonar, estamos ligados a aquellos acontecimientos que no han salido de la manera en la que esperábamos y a raíz de ello nos convertimos en las víctimas y nos preguntamos todo el tiempo ¿qué hubiera sucedido si....? Nos encadenamos a un tiempo pasado que ya no existe. Cuando aún no hemos perdonado se está siempre a la expectativa, mientras que al perdonar nos liberamos de ella.

Si nos decimos a nosotros mismos que hemos perdonado a alguien, pero aun tenemos expectativas sobre esa persona, entonces, el perdón no es verdadero. Es sólo un intento de manipular a esa persona para que se comporte de una forma que nos sea aceptable. Cuando no perdonamos es porque persiste en nosotros la necesidad de que esa persona actúe de la manera en la que deseemos y esperamos que de alguna forma haga algo que nos haga sentir mejor. Es importante reconocer que actuando de ese modo cedemos nuestro poder personal; y dejamos en manos de otra persona el poder de sentirnos bien, y consecuentemente la posibilidad de ser feliz.

Es momento de asumir la responsabilidad de nuestras vidas y de comprender que somos los únicos responsables de nuestra felicidad, de nuestro bienestar. No debemos caer en la trampa de culpar a los demás por lo que nos pasa. Somos los únicos responsables por la vida que vivimos.

Eleanor Roosevelt dijo algo con lo que estoy completamente de acuerdo: ***"nadie puede hacernos sentir inferiores sin nuestro consentimiento".*** Nadie puede hacernos sentir mejor o peor, las decisiones que tomamos en la vida son únicamente nuestra responsabilidad; los éxitos y los fracasos, la calidad de nuestras relaciones interpersonales, nuestra salud física, el dinero que ganamos, las deudas, nuestros sentimientos; en fin, todo cuanto hacemos depende exclusivamente de nosotros. Recuerda que tus únicos enemigos verdaderos son sólo *tus pensamientos*. Tú los creaste y sólo tú tienes el poder de deshacerlos.

Tampoco nadie puede quitarnos absolutamente nada a menos que les demos el permiso de hacerlo y este permiso puede ser otorgado a través de la rabia, del odio, del resentimiento y de cualquier experiencia negativa.

Perdonar es dejar marchar a la necesidad de que los demás actúen de la forma en la que queremos que lo hagan.

Para llegar a ver la vida claramente y no a través de los cristales de nuestros intereses es necesario perdonar. Cuando se puede ver con claridad, se puede actuar apropiadamente. Si perdonamos, pero aun tenemos resentimiento, entonces no hemos perdonado sinceramente.

Perdonar significa optar por tener un corazón ligero y alegre en lugar de uno lleno de rabia y de resentimiento. La rabia y el resentimiento pueden ser muy atractivos y sin ellos jamás podríamos sentirnos como víctimas. Lo cierto es que no se puede tener un corazón ligero y alegre y ser víctima al mismo tiempo; son dos situaciones contradictorias que no pueden coexistir. Al igual que no pueden coexistir el amor y la culpa. Acogerse a alguno de estos opuestos es negar al otro.

Si tan sólo nos tomáramos unos instantes para pensar en como la rabia, la ira, el resentimiento, el odio, la envidia, el miedo y las demás emociones destructivas nos pueden afectar, y de la manera en como nos mantienen atados a nuestros problemas, no dudaríamos, por un instante, en dedicarle tiempo al perdón.

Les doy un ejemplo de lo que sucede; trae a tu mente un incidente que te haya molestado mucho recientemente. Siente lo que les paso a tu mente y a tu cuerpo cuando sucedió. Ahora trae a tu mente un incidente que hubiese sucedido hace mucho tiempo, te darás cuenta de que aquellos viejos sentimientos renacen en ti, e incluso, que puedes sentirlos como si solo hubiesen sucedido ayer. Aquellos sentimientos de rabia, vergüenza, culpa y dolor vuelven a recrearse en ti. Observa detenidamente y te darás cuenta de que esas emociones toman control sobre ti y te paralizan, disminuyendo tu energía y determinando tus respuestas, acciones y actitudes.

Una de las posibles respuestas a las que puede optar una persona que ha sido herida física o emocionalmente es la del deseo de buscar venganza. El deseo de ir en contra de quien le haya proporcionado la herida. No obstante, la búsqueda de la venganza puede convertirse en una espada de doble filo, ya que, aún cuando el acto vengativo puede producir algún tipo de satisfacción, no cambia lo que ocurrió inicialmente; y en la mayoría de los casos tampoco nos libera de las emociones y pensamientos negativos de rabia, odio, ira y resentimiento, que son tan dañinos para nuestra salud física y emocional.

Otra de las cosas que tendemos a hacer cuando sentimos que alguien nos ha herido es desearle todo el mal. No debemos olvidar que existen leyes en el universo y una de esas leyes universales nos dice que: ***"recibes lo mismo que das"***, por lo tanto, debemos intentar siempre desear el bien y lo mejor del universo porque de lo contrario a nosotros también nos llegará, tarde o temprano, todo aquello que deseemos para los demás.

Las emociones negativas tienen unas características definidas:

-Actúan como una niebla espesa delante de tus ojos, impidiendo que veas cualquier situación con claridad.

-Tratan de dictar nuestras respuestas.

-Las respuestas que nos dictan siempre serán inapropiadas, porque a ese nivel de energía (vibración) no somos capaces de ver con claridad.

-El miedo, la desilusión y el arrepentimiento hacen nudos en nuestro sistema de energía.

-Las heridas, la duda y la preocupación literalmente crean huecos en nuestro sistema energético a través de los cuales la energía se escapa y se malgasta.

-La rabia quema nuestra energía.

-La culpa y la depresión bloquean el flujo de energía.

En general, todas estas emociones terminan por desgastarnos.

Las emociones negativas no solo afectan nuestra salud emocional, pudiendo causar hasta incluso depresión, sino que también afectan nuestra salud física, causando aumento de la presión arterial, aumento del ritmo cardiaco, de la tensión y del estrés.

En lugar de optar por buscar venganza, o cualquier otra alternativa que nos pueda desgastar física y emocionalmente, podemos elegir el camino del perdón para conseguir drenar esas emociones negativas y, para que, finalmente logremos eliminar los pensamientos que las causan. Perdonar es un acto milagroso que nos ayuda a fortalecer la salud física y mental.

Si consideramos el hecho de que lo positivo siempre gana sobre lo negativo, lograremos reconocer que la energía del perdón puede ser tan poderosa en sus resultados como la venganza negativa en sus propósitos. El poder del perdón favorece a la mente y al cuerpo de la misma forma que el ejercicio fortalece los músculos y mejora la condición física.

La Dra. Cadance Pert autora de los libros "***Las Moléculas de la Emoción" y "Todo lo que necesitas saber para sentirte bien***", dice que ***"el perdonar es divino, que el perdonar es el único acto instantáneo que altera tu conciencia, haciéndote sentir bien inmediatamente".*** En su libro ***"Todo lo que necesitas saber para sentirte bien"*** afirma que: *cuando perdonamos experimentamos el nivel mas alto de emoción y que ese nivel de emoción, es verdaderamente transformador, y clarifica que si no hay emoción entonces no hay perdón verdadero.*

En la búsqueda de la conexión entre cuerpo, mente y espíritu la Dra. Pert ha comprobado que liberar la culpa y perdonar no solo te hace experimentar felicidad y una nueva realidad, sino que sana tu cuerpo porque actúa como un antiinflamatorio. Una vez que tu cuerpo ya no se ve afectado continuamente por la ira y el resentimiento el proceso de sanación comienza. El perdón actúa como efecto purificador y revitalizador fortaleciendo el sistema inmunológico, penetrando profundamente en cada célula de tu cuerpo para proporcionar bienestar físico y mental.

> ***El acto de perdonar es un acto supremo que debe comenzar en nosotros mismos, perdonándonos nuestros propios errores. El auto perdonarse es un acto de amor propio que nos ayuda a aceptarnos tal y como somos y a fomentar el amor en nosotros mismos.***

El perdón debe comenzar en nosotros mismos, es decir, en el auto perdón. Nos debemos perdonar primeramente por los errores que creemos haber cometido, y una vez que nos perdonemos a nosotros mismos, podemos proceder a perdonar a los demás por las heridas que nos han causado. Esto no significa que nos tenga que gustar la persona que nos ha causado la herida, ni tampoco que debamos compartir tiempo con ella, lo que tratamos de hacer con el perdón es no dejar que una experiencia negativa y dolorosa domine nuestra vida, que nos reste energía y nos robe la paz.

> ***Cuando perdonamos a los demás, abrimos un espacio interior para que nos sucedan cosas nuevas y buenas.***

Siempre habrá alguien que nos critique porque queramos perdonar y que apoyará que sigamos odiando, te recomiendo que no te dejes atrapar por sus argumentos. Nuestro único propósito es dar amor por lo que, en lugar de dejarnos atrapar por las emociones negativas, podemos elegir ver esa situación como una herramienta para crecer espiritualmente. Nada en la vida sucede casualmente; todo esta divinamente orquestado. A esta misma conclusión llegó Albert Einstein cuando dijo que: ***"Dios no juega a los dados"***, cada evento en nuestras vidas sucede por una razón y depende de nosotros como reaccionamos.

Una frase de *Buda* que particularmente me gusta es la que dice: ***"Quedarse con la rabia es como agarrar un trozo de carbón caliente con la intención de lanzárselo a alguien, en el intento de hacerlo el único que se quema eres tu."***

¡Perdonar está en tus manos!

¿Cómo conseguir el perdón?

Hay muchas formas de conseguir el perdón; solo tenemos que probar la que más cómoda nos resulte. Se puede conseguir el perdón practicando la meditación, la oración, utilizando técnicas de relajación, o a través de los remedios florales de Bach, la homeopatía y la reflexología. Escucha música instrumental y mientras lo haces envía amor y bendiciones a la persona que desees perdonar.

Otra alternativa sencilla y realmente beneficiosa es hacer afirmaciones positivas en tiempo presente. Estas afirmaciones pueden ser:

"Yo se que perdonándome a mi mismo y a otros por los errores cometidos en el pasado permite que sane".

"Estoy dispuesto a perdonar".

"El perdón es la herramienta sanadora que llevo conmigo en todo lugar y en todo momento".

Para lograr el perdón es importante enviar continuamente amor a la persona que deseas perdonar, bendiciéndola, y aunque al principio no lo sientas, sigue enviándole amor, no te rindas, recuerda que si una persona persigue algo con constancia, todos los días, habrá un momento en que lo conseguirá. Llegará el momento en que tu inconsciente atenderá el mensaje que le estas enviando. Sino lo logras en el tiempo que te hayas propuesto, no te presiones, sigue insistiendo hasta que te sientas en paz y armonía.

> ***"Todo acto de amor es un trabajo por la paz***
> ***no importa cuan pequeño sea"***
> ***Madre Teresa.***

Puedes también valerte de la psicoterapia; es cuestión de conseguir un psicoterapeuta con él que te sientas cómodo; o se pueden estudiar las enseñanzas de Jesucristo y/o Buda, cuya sabiduría son ejemplos de humildad y gratitud que pueden motivarte y conducirte al perdón.

Lo más importante en cualquiera de las prácticas que decidas utilizar es que logres expresar tus emociones, ya que eso es lo único que te permitirá liberarte.

Durante la realización del perdón puedes llorar o sentir rabia, ambas emociones son validas dentro del proceso, no intentes juzgarlas. Drenar estas emociones hará que comiences a sentirte bien y a sentir a Dios dentro de ti, independientemente de si tienes creencias religiosas o no, porque al liberarte de las emociones negativas lo que haces es acercarte más al espíritu y mientras más cerca estás del espíritu, más cerca te encuentras de tu fuente de energía, de tu creador, de 'Dios'.

Algunos ejercicios sencillos para lograr el perdón:

Ejercicio 1:

- Siéntate cómodamente y respira profundamente varias veces.
- Siente como te relajas con cada respiración.
- Con cada exhalación imagina que sacas de tu cuerpo toda la rabia, todo el estrés, todo el resentimiento que guardas y permítete sentir las emociones que te produzcan los recuerdos que te vienen la mente.

- En las próximas inhalaciones siente como fluye por tu cuerpo el amor, la paz y la armonía y con cada exhalación ve expulsando cualquier resto de emoción negativa que esté circulando dentro de ti.
- Luego, cuando inhales siente la energía poderosa del perdón entrando en tu cuerpo, déjala circular dentro de ti, siente la paz que trae con ella y mantén dentro de tu cuerpo esa maravillosa sensación.
- Inhala nuevamente y repite el mismo proceso anterior dos o tres veces más.
- Cuando estés listo regresa al momento presente lenta y suavemente.

Ejercicio 2:

Toma papel y lápiz y escribe todo lo que sientes hacia la persona a la que quieras perdonar, expresa claramente todas tus emociones y luego quema el papel o córtalo en pedacitos. También puedes escribirlas en la computadora y luego borrar o eliminar completamente el documento de tus archivos.

Ambos son ejercicios bastante simples que incluso puedes realizar en compañía de alguien que también desee encontrar el perdón; en el caso del primer ejercicio hasta le puedes pedir a alguien con una voz suave y/o agradable que te vaya leyendo las instrucciones.

Estoy convencida de que el perdón es divino y que sus beneficios son milagrosos, no esperemos a que una enfermedad nos llame la atención haciéndonos reconocer que no hay armonía dentro de nosotros.

"Nuestro miedo más profundo no es que seamos inadecuados. Nuestro miedo más profundo es que somos poderosos más allá de toda medida. Es nuestra luz, no nuestra oscuridad, lo que nos asusta. Nos preguntamos: ¿Quién soy para ser brillante, fantástico, inteligente, fabuloso? En realidad, ¿Quién eres tú para no serlo? Eres hijo de Dios. Tus papeles insignificantes no le sirven al mundo para nada. Reducirse para que los demás no se sientan inseguridad hacia ti, no es ningún signo de inteligencia. Todos estamos destinados a brillar, como brillan los niños. Nacemos para hacer manifiesta la gloria de Dios que se encuentra en nuestro interior. Y no somos sólo algunos, es todo el mundo. Y cuando permitimos que nuestra luz brille, le permitimos la gloria a los demás. En cuanto nos liberamos de nuestro miedo, nuestra presencia libera automáticamente a los demás."

-Marianne Williamson.

6

Herramientas para la aventura.

"No creas lo que tus ojos te digan, ellos solo nos muestran las limitaciones...mira con tu entendimiento, descubre lo que ya sabes y hallaras la manera de volar."

-Richard Bach.
Escritor norteamericano.

Sin duda alguna, estemos enterados de ello o no, todos estamos haciendo un recorrido, estamos transitando una senda. Es un recorrido en el que aprendemos a expresar nuestro máximo potencial en este mundo, de una forma u otra. Quienes lo hacemos de manera consciente intentamos día a día ser mejores seres humanos, alimentando nuestro espíritu, manteniendo vivos nuestros sueños y trazándonos nuevas metas.
El pastor "tele evangelista" norteamericano de nombre Robert H Schuller, conocido mundialmente por su programa televisivo "*La Hora del Poder*", (**The Hour of Power**) es el autor de una cita que siempre conservo en mi agenda. La primera vez que la leí pensé que no había nada más cierto que lo que dice, y se ha convertido en una inyección de motivación, sobre todo en esos momentos en los que me siento un poco desanimada; dice: "***¿Estas realmente satisfecho con tu vida en estos momentos? Si la respuesta es sí, entonces ¡estás en peligro! Ser***

completamente feliz significa que ya no tienes más sueños por cumplir, y cuando dejas de soñar, es cuando comienzas a morir".

En nuestra vida diaria estamos tan ocupados con el teléfono móvil, enviando mensajes de textos, con la computadora navegando por la Internet, viendo las noticias y las telenovelas.... constantemente viviendo el exterior, que olvidamos lo que verdaderamente importa y esperamos, algunas veces hasta desanimados, que nuestros sueños se hagan realidad de la nada, sin hacer ningún esfuerzo. Pensamos que todo viene de afuera, de una fuente externa y no somos conscientes de que nuestro mayor potencial proviene de nuestro interior.

Ningún cambio viene de afuera y para cambiar el exterior debemos cambiar el interior. El primer paso para dar un cambio es ser conscientes de que el pensamiento es la base de todo, que somos totalmente responsables por nosotros mismos, y que vivimos nuestras vidas de la manera en la que pensamos. Es por ello que lo primero que debemos hacer para vivir una vida diferente es *pensar diferente.*

Nuestros pensamientos crean el presente y el futuro, cada uno de nuestros pensamientos crea nuestra realidad, lo queramos o no, por lo que, es tan importante ***pensar positivamente***.

Antes de abordar el tema del pensamiento positivo, me gustaría explicar, brevemente, como funciona la mente: consciente e inconsciente (subconsciente) a fin de que puedas comprender la importancia de esta técnica (pensar positivamente) y de otras que contribuyen a fortalecer lo que verdaderamente somos y que mencionaré en este capítulo.

La mente se compone de dos partes: La mente consciente, que piensa y razona, y de la que la mayoría de nosotros estamos al tanto y de la mente subconsciente. En la mente consciente reconocemos los pensamientos, es la que se encarga de asistirnos en los procesos diarios de tomar decisiones, nos ayuda con nuevas situaciones y nos indica cuando aplicar el pensamiento racional, diciéndonos que hacer y cómo actuar en determinadas circunstancias. Por otro lado, la mente subconsciente se encarga de lidiar con la repetición de comportamientos aprendidos, lo cual puede resultar sumamente beneficioso, ya que nos permite actuar con rapidez en aquellas circunstancias que lo requieran; y una vez que hayamos aprendido a manejar una situación de manera especifica, la próxima vez que esa situación se presente lo tendremos más fácil, ya que la información de cómo manejarla, ha sido guardada previamente en el subconsciente.

Esta es la parte de la mente que la mayoría de nosotros ignora, sin embargo, los pensamientos inconscientes también son importantes. Por ejemplo, una vez que aprendes que la puerta del horno está caliente y que si la tocas te quemarás, la próxima vez que intentes abrirla utilizarás un guante protector.

La información de la mente consciente pasa directamente a la mente subconsciente; ambas están íntimamente conectadas. Todo lo que ves, escuchas y experimentas es percibido por la mente subconsciente en forma de memoria. En la memoria no solo se guarda el incidente, se guarda además el sentimiento que lo acompañó.

Supongamos que te ha mordido un perro, vives el incidente y al mismo tiempo experimentas la conmoción, el trauma, la ansiedad y la herida física que te ha causado. Ese incidente y todo lo que lo acompaña sentimientos y emociones, van a ser almacenados en el subconsciente. Lo que se guarda en la memoria (en el subconsciente) determinará la manera en la que reaccionarás en las situaciones posteriores que se te presenten y que sean similares a aquella que inicialmente viviste con el perro. Así la próxima vez que veas un perro actuarás de acuerdo a lo que está guardado en tu memoria.

En tu mente consciente pensarás que desafortunadamente nunca podrás superar ese trauma, ya que, lo que se ha guardado en el subconsciente es una información negativa, y cuando te enfrentes a la misma situación, el pánico no te dejará reaccionar de la mejor manera posible, pensando que ya no puedes hacer nada para cambiarlo. Ese sentimiento que se archivó en tú memoria, siempre será expuesto al exterior como un comportamiento, como una conducta que saldrá a la superficie siempre que se presente una situación similar.

La buena noticia es que la memoria, y el comportamiento que se haya guardado en ella, también pueden funcionar de forma positiva y pueden cambiarse.

Por ejemplo, si te han dicho que eres una persona querida, aún cuando cometes errores, entonces tu mente subconsciente registrará esta información como un sentimiento de seguridad y actuará acorde a ello. Saber que eres una persona amada y que, lo serás no importe lo que hagas, te permitirá perder el miedo y tomar decisiones que, aunque no te traigan los mejores beneficios, no afectarán ni tú sentido de seguridad, ni tú autoestima.

Cuanto más se repite un mensaje, mejor se graba en el inconsciente.
Cuanto más fuerte es la emoción que acompaña un evento determinado, más profundamente se almacena en el inconsciente.

En la mente consciente reside tu libertad de elegir y es también en la mente consciente donde puedes decidir que es lo que deseas crear en tu vida.

La mente subconsciente es mucho más prodigiosa que la consciente. Se conoce también como la mente espiritual y universal, y no reconoce más límites que aquellos que tú le impones. Tu imagen personal (auto imagen) y tus hábitos se encuentran almacenados allí. Es la parte de la mente que se conecta con tu ser interior a un nivel más elevado que el de la mente consciente. Es tu conexión con Dios, con la fuente, con la inteligencia universal o como quieras llamarlo.

Tu mente subconsciente trabaja con los hábitos, no tiene edad y solamente funciona en tiempo presente. Aparte de almacenar tus experiencias pasadas, la mente subconsciente monitoriza el funcionamiento de cada célula de nuestro cuerpo, las funciones del cuerpo, tanto motoras como las digestivas, cardíacas, etc. No tiene la habilidad de refutar conceptos e ideas, lo que significa que podemos deliberadamente reprogramar nuestras creencias inconscientes. El subconsciente siempre aceptará ideas nuevas porque no tiene forma de rechazarlas. Actúa ***literalmente,*** aceptando cada pensamiento que la mente consciente elija pensar.

El objetivo es aprender a utilizar la mente subconsciente para que funcione a nuestro favor, valiéndonos de técnicas como el pensamiento positivo, las afirmaciones, la visualización, la meditación, la oración , la gratitud y la apreciación.

El Pensamiento Positivo.

"Él que piensa positivamente ve lo invisible, siente lo intangible y alcanza lo imposible"

-Autor desconocido.

Entiendo que en el mundo de hoy, con las presiones, y a la velocidad a la que cambian las cosas, no siempre es fácil mantener una actitud positiva, especialmente cuando trabajas duro o cuando las cosas no parecen ir bien en tu vida personal. Puede que estés tratando de hacer demasiadas cosas al mismo tiempo o intentando complacer al resto del mundo mientras tus sentimientos y deseos se van quedando a un lado. Cualquiera que sean tus circunstancias, debes recordar que la negatividad te impide actuar con racionalidad y ver el abanico de posibilidades que tienes enfrente.

En particular pienso que en el mundo en que vivimos es esencial mantener la energía, el entusiasmo y el optimismo en todos los aspectos de tu vida. Pensar positivamente te ayuda a obtener mejores resultados en la vida.

La Dra. Mona Lisa Schultz, neuropsiquiatra y neurocientífica Norteamericana, autora de varios libros, entre ellos "Despierta tú intuición " señala que *"hoy en día sabemos que podemos reprogramar los patrones de conducta que el cerebro haya aprendido. Introduciendo nuevo patrones de conducta a través de afirmaciones y pensamientos positivos haremos que nuestro cerebro funcione de manera diferente; esa reprogramación positiva produce efectos bioquímicos, neuroquímicos y farmacológicos tanto y hasta más efectivos que el prozac"*.

Pensar positivamente no consiste solamente en cambiar nuestros pensamientos, es también asumir una actitud diferente ante la vida. Significa concentrarse siempre en el lado positivo de cualquier situación en lugar de en lo negativo. Significa pensar lo mejor de ti en lugar de lo peor. Significa ver lo mejor de los demás y no sus defectos y dificultades. Significa esperar siempre lo mejor que la vida te pueda brindar y confiar que el universo siempre te proveerá lo que necesites. Se que puede sonar un poco cursi, pero hasta que no decidas intentarlo, no podrás comprobar la certeza de lo que te estoy sugiriendo.

¿Qué es pensar positivamente?

Pensar positivamente es valerse de la posibilidad de sugestionar a la mente subconsciente de forma positiva. Recuerda que la mente subconsciente no razona, no juzga una información como buena o mala, verdadera o falsa, sensata o tonta, simplemente la almacena obedientemente, para poder producir un comportamiento posterior que se corresponda con la información previamente almacenada.

Si queremos influir en nuestro comportamiento o actuaciones debemos hacerlo a través de la mente subconsciente. Esto significa que debemos seleccionar nuevos y positivos pensamientos que conscientemente repetiremos hasta que se arraiguen en el subconsciente. Cuando repites pensamientos negativos éstos ejercen una influencia negativa y a raíz obtienes resultados negativos haciendo que tus pensamientos, ideas y deseos se materialicen, se vuelvan realidad; ésta es la función de la mente subconsciente. Por esta razón debemos cambiar de lo negativo a lo positivo para que nuestras experiencias también cambien.

La calidad de tus pensamientos determina la calidad de tu vida.

Ser positivo proporciona una serie de beneficios entre ellos:

- ***Mejora la salud considerablemente.***
- ***Aumenta la confianza en ti mismo.***
- ***Aumenta tu confianza en los demás.***
- ***Te brinda la posibilidad de tomar iniciativas.***
- ***Mejora tu auto control.***
- ***Ayuda a expandir tus opciones.***

Todos estos beneficios a su vez conducen a una reducción del estrés, a una mejor salud y a un aumento de tus niveles de energía y eficiencia.

La gente positiva atrae a gente positiva y como resultado de ello, las personas positivas tienen más éxitos en sus vidas personales y profesionales.

Las afirmaciones.

"Los pensamientos que eliges pensar y creer en el presente están creando tu futuro. Esos pensamientos formarán tus experiencias de mañana, de la próxima semana y del próximo año"

-Louise Hay.

Autora, motivadora.

Las ideas sobre las afirmaciones que aquí expongo están basadas en los principios e ideas creadas por Louise Hay, escritora, profesora, consejera metafísica y conferenciante, cuyos libros han llegado al corazón de millones de personas de todo el mundo.

Ya he mencionado anteriormente que la herramienta fundamental para cambiar tu vida esta únicamente en tus manos y consiste fundamentalmente en cambiar nuestros pensamientos y las creencias que tenemos que ya no nos funcionan correctamente.

¿Qué es una afirmación?

Una afirmación es cualquier cosa que dices o piensas. Normalmente aquello que decimos y pensamos a diario es bastante negativo y no crea nuevas experiencias para nosotros. Por lo que, como ya había explicado anteriormente, debes cambiar tus pensamientos y cuidar las cosas que dices para poder crear nuevos patrones positivos que puedan cambiar tu vida.

Las afirmaciones son un punto de partida, puedes cambiar la forma en la que piensas y te expresas haciendo uso de ellas. En esencia, lo que se hace es decirle a nuestra mente subconsciente que estamos tomando responsabilidad de nuestras vidas y de que eres consciente de que hay algo que puedes hacer para cambiar tu realidad.

Cuando se habla de hacer afirmaciones lo que se quiere decir es que debemos escoger conscientemente las palabras que te ayuden a eliminar algo de tu vida que no esté funcionando o a crear algo nuevo. Cada pensamiento que generamos y cada palabra que decimos son afirmaciones. Usamos afirmaciones en cada momento, sin darnos cuenta de ello y de esa misma manera estamos generando nuestras experiencias, ya que éstas son el producto de cada palabra y cada pensamiento que tenemos.

Tus creencias son solo patrones habituales de pensamientos que aprendiste cuando eras solo un niño, algunas te han funcionado muy bien hasta ahora y otras simplemente han limitado tu capacidad de crear las cosas que deseas. Puede, incluso, que lo que tu quieres y lo que tu piensas que te mereces sean dos cosas totalmente diferentes. Es por eso que necesitas prestarle atención a tus pensamientos, para que puedas eliminar aquellos que te limitan y crean experiencias negativas en tu vida.

Recuerda que cada vez que te quejas por algo estas haciendo una afirmación (una afirmación sobre algo que piensas que no quieres en tu vida). Cada vez que te enfadas estás afirmando que quieres más enfados en tu vida. Cada vez que te sientes víctima de algo estás afirmando que quieres seguir asumiendo tu rol de víctima.

Si sientes que la vida no te esta dando lo que tu deseas es ciertamente porque es eso en lo que estás pensando, y por consecuencia, la vida no te dará lo que te mereces hasta que cambies la manera en la que piensas y te expresas.

La forma en la que pensamos no nos califica de buenos o malos, es simplemente que no hemos sido educados para pensar y hablar de forma positiva. Es solo en los últimos años en los que el mundo está reconociendo que nuestros pensamientos crean nuestra realidad, crean nuestras experiencias. Probablemente nuestros padres no estaban en conocimiento de ello y por lo tanto no pudieron enseñárnoslo y así aprendimos a ver la vida de la misma forma en que nuestros abuelos enseñaron a nuestros padres. Esto no quiere decir que nos hayan educado mal, sin embargo, es momento de despertar y de darnos cuenta de que debemos crear nuestras vidas de forma consciente, de manera que nos beneficie y nos apoye en nuestros deseos.

¡Todos podemos hacerlo!

Algunas personas dicen que las afirmaciones no funcionan y que el hecho de expresar que no funcionan constituye una afirmación en sí. Lo que quieren decir cuando manifiestan que no funcionan es porque no saben como usarlas correctamente y dicen cosas como por ejemplo: "Estoy perdiendo peso", y al mismo tiempo están pensando "esto es estúpido". Jamás va a funcionar. La segunda afirmación es la que va a tener más valor porque es parte de una larga y habitual forma de ver la vida.

Otras personas, dicen las afirmaciones solo una vez al día y el resto del día se siguen quejando; de esta manera tardará mucho tiempo para que las afirmaciones funcionen. Las afirmaciones negativas siempre van a prevalecer porque son más los momentos de queja que los momentos de positivismo y generalmente nos quejamos con un gran sentimiento.

Decir las afirmaciones es solo una parte del proceso, lo que hacemos el resto del día y la noche es también importante. El secreto para que las afirmaciones funcionen es que tengan un campo fértil para crecer. Las afirmaciones son como las semillas que plantas. Si las plantas en un campo fértil crecen rápido y sus frutos son hermosos. Si las plantas en un suelo poco fértil los resultados no serán beneficiosos.

Las afirmaciones darán sus frutos en la medida en que elijas pensamientos que te hagan sentir bien.

Pensamientos felices = Resultados felices.

Es solo cuestión de decidir cambiar tus pensamientos y verás como tu entorno cambia y como cambia tu vida, enfocándote hacia aquello que deseas.

El único momento sobre el cual tenemos control es "este" momento. Debes escoger sentirte bien, sino escoges sentirte bien en este momento ¿cómo podrás crear futuros momentos en los que sentirte bien, momentos llenos de abundancia y diversión?

No malgastes tus pensamientos culpando a los demás, ni sucesos, ni lugares por la forma en como te sientes, ya que ninguno de ellos tiene control sobre ti. Nadie puede pensar por ti, ni tampoco tú tienes control sobre los demás, no puedes controlar sus pensamientos. Ningún ser humano puede controlar a otro a menos que ese otro lo permita.

Debes ser consciente que tu mente es poderosa y tomar control sobre lo que piensas. Tus pensamientos son la única cosa sobre la que tienes un control total, tú puedes elegir lo que quieres pensar y tus pensamientos determinarán los resultados que obtendrás y la forma en la que tu vida se desenvolverá.

Yo he elegido pensamientos positivos de amor, compasión, gratitud, alegría, aprecio y he comprobado los beneficios que esos pensamientos proporcionan.

Alégrate de estar vivo, bendice tu cuerpo, disfruta del momento, quiere tu vida y disfruta lo que tienes; esos son los primeros pasos para cambiar tus pensamientos.

Cuando afirmamos, elegimos conscientemente ciertos pensamientos que crearán resultados positivos en el futuro.

La técnica de las afirmaciones, consiste en decirte a ti mismo en voz alta o en forma escrita, expresiones acerca de ti mismo y de lo que deseas para ti. El Dr. Stephen Covey, autor de *"Los 7 Hábitos de la Gente Altamente Eficiente"*, tiene una pequeña formula para crear afirmaciones y habla de unos ingredientes básicos:

Las afirmaciones:

1. Son personales. Creadas a la medida de cada uno.

2. Son positivas. Fraseadas en forma positiva.

3. Se hacen en tiempo presente.

4. Deben tener una recompensa emocional.

5. Son visuales. Cada día visualiza la realización de esa afirmación.

En la medida en que trabajas con tus afirmaciones, tu comportamiento y tus circunstancias cambiarán para bien.

Es importante decir las afirmaciones en tiempo presente. Si las dices en futuro, allí se quedarán. El universo entiende literalmente aquello que deseas, de igual manera en que lo manifiestas. Cada pensamiento cuenta, por favor no los malgastes. Cada pensamientos positivo trae lo bueno a tu vida, cada pensamiento negativo aleja lo bueno de ella.

¿Cuántas veces has deseado algo y justo cuando estás a punto de lograrlo se te ha escapado de las manos? Si recuerdas cual era tu estado mental en ese momento tendrás la respuesta. Muchos pensamientos negativos crean la barrera para las afirmaciones positivas. Si tu dices por ejemplo, "No quiero estar más enfermo o nunca más enfermarme", no estás afirmando que quieres tener una buena salud. Debes tener claro lo que deseas y para tener buena salud debes afirmar "Acepto salud perfecta ahora."

Otro caso sería, por ejemplo decir, "odio mi coche", odiar tu coche actual no te traerá uno nuevo y cuando tengas uno nuevo también terminaras odiándolo, por el contrario debes decir, "Tengo un coche estupendo que cubre todas mis necesidades".

Hay personas que afirman que la vida es complicada. La vida no es complicada; son tus propios pensamientos los que la vuelven complicada. Otras personas pierden tiempo debatiéndose en sus limitaciones, pleitos, relaciones interpersonales disfuncionales, enfermedades, pobreza, problemas, sin darse cuenta que mientras más tiempo pierdes en tus limitaciones y mientras más hablas de tus problemas, más los anclas en tu vida.

Cuando comienzas a cambiar tus pensamientos y a prestar atención a lo que piensas, te aterrará darte cuenta de lo negativos que son tus pensamientos. No debes asustarte cuando los pensamientos que vienen a tu mente no sean positivos. En el momento en que te des cuenta que tienes un pensamiento negativo simplemente afirma que es un pensamiento viejo y que eliges nunca más pensar de esa manera. Seguidamente elabora un pensamiento positivo y sustituye el viejo pensamiento (negativo) por ese positivo tan pronto como puedas.

La Visualización Creativa.

"Cada momento de tu vida es infinitamente creativo y el universo es generoso sin limites. Simplemente lanza una petición suficientemente clara y todo aquello que deseas de corazón vendrá a ti"

-Shakti Gawain.

Escritora.

La visualización creativa es una técnica que nos permite utilizar nuestra propia imaginación y afirmaciones para crear cambios positivos en nuestras vidas y de esta forma lograr aquello que deseamos. La visualización ha sido ampliamente utilizada en el campo de la salud, los negocios, las artes y los deportes; y, de hecho, se ha demostrado que puede tener un impacto positivo en cualquier ámbito de nuestra vida. No hay nada nuevo en esto, ni extraño, ni poco usual. Usamos visualización creativa en nuestro día a día, cada minuto, sin darnos cuenta. Es como cuando soñar despiertos: nos imaginamos o nos proyectamos en un lugar en el que deseamos estar, como por ejemplo, en la montaña, en la playa, en otro país...

La imaginación es la habilidad de crear una idea, una imagen mental, o el sentimiento de experimentar algo. En la visualización creativa usas tu imaginación para crear una imagen clara, una idea o un sentimiento que deseas que se manifieste. Luego continuas enfocándote en esa idea, sentimiento o imagen, dándole energía positiva hasta que se convierta en realidad, en otras palabras, hasta que consigas aquello que has estado imaginando.

La meta que deseas lograr utilizando la visualización creativa puede ser a cualquier nivel, puede ser a nivel físico, emocional, mental, espiritual o material, por lo que, podrías imaginarte con una nueva casa, un nuevo trabajo, o teniendo una nueva relación amorosa, concebir un hijo o simplemente lograr sentir la calma y la paz que has estado añorando. Para utilizar la visualización no es necesario creer en ideas metafísicas o espirituales, lo único que necesitas es tener fe en ese poder que está dentro de ti, tener el deseo de enriquecer tus conocimientos y experiencias, y mantener tu mente lo suficientemente abierta para intentar algo nuevo con espíritu positivo.

Shakti Gawain (Autora del best seller "Creando Prosperidad") en su libro sobre 'Visualización Creativa' afirma que ***"la Visualización Creativa es "magia" en el sentido estricto de la palabra. Implica comprender y utilizar los principios que rigen el universo y aprender como utilizar estos principios de manera consciente y de forma creativa. Si estudiamos los principios y aplicamos las técnicas con la mente y el corazón abiertos, estaremos en posición de juzgar si nos son útiles, de tal forma, que si llegamos a comprender lo útiles que son y continuamos utilizándolos y desarrollándolos, se nos cumplirán muchos más deseos que aquellos que originalmente soñamos".***

¿Cómo funciona la Visualización Creativa?

Para comprender como funciona la visualización creativa es necesario que recuerdes los siguientes principios:
-El universo físico es *energía*. El mundo científico ha comenzado a descubrir algo que los maestros metafísicos y espirituales saben desde hace siglos, y es el hecho de que nuestro universo físico no está creado por materia, está compuesto de una fuerza o esencia a la que llamamos energía. Físicamente somos energía y todo a nuestro alrededor también esta hecho de energía. En consecuencia, todas las formas de energía son hidroeléctricas y pueden afectarse la una a la otra.
-La *energía* es *magnética*. En un capítulo anterior he dicho que un tipo de energía genera un determinado tipo de vibración que atrae una energía con el mismo tipo de vibración de la que haya sido generado originalmente. Por lo tanto, en el caso de los pensamientos y los sentimientos, debemos entender que estos tienen su propia energía magnética y atraen pensamientos y sentimientos con energía de la misma naturaleza.
-La forma es lo que sigue a la idea. En otras palabras, cuando creas algo siempre lo haces primero a través de un pensamiento o de una idea; este pensamiento o idea siempre va a preceder la manifestación. Por ejemplo, cuando piensas "voy a hacer la cena", la preparación de la comida es lo que sigue a esa idea.
La idea es, entonces, un plano o proyecto que crea una imagen de la forma, la cual posteriormente se magnetiza y conduce un flujo de energía física para crear dicha forma y eventualmente manifestarse en el plano físico o material. Otro ejemplo sería un arquitecto que crea un diseño; ese diseño proviene originalmente de una idea o inspiración, y esa idea o inspiración se materializará con la construcción del diseño.
-La Ley de la radiación y la atracción. Este principio se fundamenta en el hecho de que recibes aquello que das, en otras palabras, "recoges lo que siembras". Visto de una forma práctica esto significa que siempre atraes

a tu vida cualquier cosa que piensas, aquello en lo que te concentras y aquello en lo que crees fuertemente. Por ejemplo, cuando eres negativo, tienes miedo, te sientes inseguro o ansioso, y frecuentemente atraes las mismas experiencias, situaciones o personas que estás tratando de evitar. Si por el contrario tu actitud es positiva, esperas y ambicionas placer, satisfacción y felicidad crearás situaciones y eventos que estén de conformidad con tu positivismo.

Usando la visualización creativa, conscientemente imaginando lo que quieres, puedes ayudar a manifestar todo aquello que deseas en tu vida.

El proceso de cambio no ocurre a nivel superficial por el solo hecho de pensar positivamente. El proceso de cambio consiste en explorar, descubrir y cambiar profundamente las actitudes más básicas de tu vida, por lo que utilizar las afirmaciones y la visualización creativa pueden convertirse en una experiencia para un cambio profundo y significativo en tu vida.

La Meditación.

"La meditación es un estado del ser, no una técnica. Con la meditación no se trata de llegar a otro lugar. Meditar es tratar de permitirte a ti mismo estar exactamente donde estas y como estas y dejar que el mundo sea exactamente como es en ese momento".

-John Kabat Zinn.

Profesor de medicina. Autor.

Puedes pensar que la meditación es una práctica exótica ligada a las religiones orientales y con una postura especial, esa que normalmente vemos en todas las fotografías en las que la persona está con las piernas cruzadas enfrente y con las manos posicionadas de forma extraña. Hay incluso quienes piensan que la meditación es algo que se relaciona con la santidad. Por suerte nada de esto es cierto.

La meditación es simplemente la elección de enfocar tu mente en algo. De hecho leer un libro es una forma de meditar, así como ver una película, escuchar música, doblar la ropa lavada, cocinar, conducir, etc. pueden ser actividades meditativas siempre y cuando tu mente esté concentrada, enfocada en lo que estas haciendo.

La palabra meditación deriva del latín *mederi* que significa *"sanar"*, de allí que la meditación se considere un proceso de sanación mental, espiritual y emocional con beneficios comprobados sobre el resto del cuerpo.

Tu mente y tu realidad externa están en constante estado de cambio. Cada segundo de tu vida estás creando y construyendo tu realidad a través de lo que piensas y a través de lo que intercambias con tu ambiente externo y la meditación puede ayudarte a crear una realidad mejor, estimulándote a desarrollar nuevos hábitos relacionados con lo que piensas y absorbes del exterior.

El objetivo de la meditación no es el negar los pensamientos, es por el contrario darle un buen uso a la mente, haciéndote consciente de lo que piensas para que puedas entrenar la mente y generar pensamientos de buena calidad. Con práctica, tendrás la capacidad de disminuir la cantidad de pensamientos y entrar en el espacio interior de tu propia conciencia, ese espacio donde sólo el silencio existe.

Muchas de mis amigas, cuando les hablo de la meditación, me dicen "es que no puedo; cada vez que intento sentarme me invaden los pensamientos que van a mil por hora y termino desistiendo". Necesitas ser paciente contigo mismo y darte el espacio y el tiempo necesario para disminuir la intensidad y velocidad de los pensamientos y así permitir fluir el ritmo natural de tu interior. La meta no se puede lograr al primer intento, sólo se logrará con la práctica.

> ***La meditación es el arte de callar la mente. Cuando callas tú mente rompes con los viejos patrones, te abres a una nueva conciencia y le permites a tu espíritu que se comunique contigo.***

La meditación no es algo místico o inaccesible, ni tampoco es una práctica reservada a unos pocos; está disponible para todos, independientemente de cuales sean tus creencias religiosas. Las técnicas meditativas son variadas y sin duda muchas de ellas están inspiradas en antiguas tradiciones espirituales y filosóficas; sin embargo, cada persona escoge la técnica con la que se sienta más cómodo. Se puede meditar simplemente dedicando unos momentos a enfocar la mente por un período de tiempo en algo positivo y beneficioso.

Sin duda alguna la meditación puede proporcionar una serie de beneficios físicos, mentales, emocionales, psicológicos y espirituales.

Algo sencillo que puedes hacer para iniciarte en la meditación es lo siguiente:

- Siéntate cómodamente en el sitio que hayas elegido específicamente para meditar…
- Cierra los ojos, y por un minuto o dos, permite que tu cuerpo se vaya relajando y tu mente se vaya calmando, permaneciendo quieto y callado…
- Con tus ojos aún cerrados, dirige tu atención hacia los dedos de los pies…
- Aprieta los dedos todos juntos por un momento y luego relájalos… haz esto un par de veces.
- Luego conscientemente relaja los músculos de tus pies…
- Trabaja progresivamente, pero lentamente, hacia la parte superior del cuerpo tensando y relajando las pantorrillas, los muslos, las nalgas, el estómago, el pecho, los brazos, los hombros, la espalda, las manos, los antebrazos, la mandíbula, los ojos, la frente…

- o Se consciente de que ahora tu cuerpo entero ahora está relajado en la silla y centra tu atención en el medio de tu frente...
- o Observa tus pensamientos, deja que éstos salgan a la superficie, deja que floten en tu mente, luego imagina que se disuelven...
- o Deja que la tranquilidad llene tu mente como si estuvieras escuchando el silencio...
- o Si alguna sensación o pensamiento vienen a distraerte, simplemente deja que pasen tu mente, obsérvalos...
- o Luego redirige tu atención a la tranquilidad de tu mente...
- o Reconoce tu relajación interior con un pensamiento silencioso... "Mi mente está ahora en calma y me siento en paz"...
- o Después de unos minutos trae de nuevo tu atención de regreso a ese lugar donde estás meditando, al momento, y a el ahora.
- o Y, lentamente, cuando te sientas preparado abre tus ojos...

Come ves es algo muy simple, no requiere una técnica especifica; el ejercicio anterior sólo es una sugerencia, lo más importante al meditar es que te sientas cómodo y libre, no es cuestión de ser esclavo de una u otra posición; por el contrario debes estar cómodo y no se necesita ningún ritual o apoyo exterior.

Con la velocidad y el estrés del mundo de hoy elegir un momento para la calma y la tranquilidad no nos viene mal, alejarnos del ruido y del desorden se está convirtiendo en algo necesario para recordar quienes somos, que es lo que verdaderamente importa y cual es nuestra verdadera esencia. Necesitamos un momento en silencio para lograr claridad y paz interior, restablecer el equilibrio en nuestras vidas y reconectarnos con Dios, calmando y aliviando nuestro espíritu.

A través de las prácticas de la oración y la meditación podremos escuchar a nuestra voz interior y conectarnos con Dios. Sé que muchas personas ya han dicho que cuando oramos conversamos con Dios y cuando meditamos lo escuchamos en el silencio de nuestra mente, quiero solo recordarlo y reafirmarlo porque he podido experimentarlo.

> ***"Necesitamos el silencio para ser capaces de tocar nuestras almas. Lo esencial no es lo que decimos sino lo que Dios nos dice y quiere que digamos. Jesús siempre nos espera en el silencio. En ese silencio Él nos escucha y le hablará a nuestra alma y entonces escucharemos su voz. El silencio interior es algo difícil, pero debemos hacer un esfuerzo. En el silencio renovaremos nuestra energía y encontraremos la verdadera unidad. La energía de Dios estará con nosotros para que hagamos todo bien. La unidad de nuestros pensamientos con los suyos, la unidad de nuestras oraciones con las suyas, la unidad de nuestras acciones con las suyas y la de nuestras vidas con la suya. Todas nuestras palabras serán inútiles sino vienen de nuestro interior, las palabras que no vienen de la luz de Cristo sólo aumentan la oscuridad".***
> -Madre Teresa de Calcuta.

La Oración.

"La plegaria no es un entretenimiento ocioso para alguna anciana. Entendida y aplicada adecuadamente, es el instrumento más potente para la acción".
-Mahatma Gandhi .
Político y pensador indio.

La oración es algo que todos hacemos a diario, incluso aquellos que no creen en Dios o en un Poder Superior, se encuentran mil veces al día diciendo expresiones como ¡Oh, Dios mío! ¡Ayúdame Dios! o ¡Por el amor a Dios!; aunque pienses que esto no es rezar, en cierto modo lo es, es una oración en su forma básica, es una llamada de auxilio. La oración te ayuda a centrarte, te pone en contacto con el resto del mundo y con nuestro creador. Es el acto de comunicarte verbalmente con Dios.

La oración es una enorme fuente de poder, a la que se le han reconocido grandes logros y curaciones milagrosas. El hecho de que las plegarias funcionen refleja nuestra conexión con lo Absoluto y confirma que podemos hablar con Dios de una manera productiva. La nueva forma en la que concebimos actualmente el Universo y la psique humana deja obsoletas las creencias sobre la existencia de un Dios que está "afuera" de nosotros y recibe nuestros ruegos como si fuera un satélite de comunicaciones. Hoy intuimos que ese Dios intermediario está íntimamente conectado a nuestra conciencia, por lo que el factor divino de la plegaria es interior y no exterior. Precisamente por ello la oración no siempre necesita ser pensada y puede tener lugar, incluso, en sueños.

> **"La oración debería ser la llave del día y el cerrojo de la noche."**
> - Thomas Fuller
> Clérigo y escritor británico.

No hay tamaño ni tiempo para las oraciones, pueden ser tan cortas o tan largas como tú desees. La oración debe ser sentida, con "*fe*" y salir del fondo de tu corazón envuelta de amor. No debes confundir una oración con un rezo, un rezo es una frase que se encuentra ya creada únicamente para que se repita tantas veces como se quiera. Una *oración* es una frase creada por ti para algún propósito específico, puede contener tus deseos y estar acompañada de afirmaciones.

Un ejemplo de otra oración que puedes hacer por las mañanas es esta: "Gracias Padre por este nuevo día, ilumina cada uno de mis pasos hoy, que donde vaya encuentre tu gracia. Permíteme dar y recibir amor donde quiera que me encuentre y que tu luz ilumine mi camino en este día"

Así como yo he inventado esta oración, tú puedes crear las tuyas, no existe ninguna formula secreta solo impregna tus palabras de fe y amor.

"Confiamos en Dios, pues sabemos que él nos oye si le pedimos algo que a él le agrada. Y así como sabemos que él escucha nuestras oraciones, también sabemos que ya nos ha dado lo que le hemos pedido".

-Juan 5: 14-15

Señor, hazme un instrumento de tu paz.
Donde haya odio, siembre yo amor;
donde haya injuria, perdón;
donde haya duda, fe;
donde haya tristeza, alegría;
donde haya desaliento, esperanza;
donde haya sombras, luz.
¡Oh, Divino Maestro!
Que no busque ser consolado sino consolar;
que no busque ser amado sino amar;
que no busque ser comprendido sino comprender;
porque dando es como recibimos;
perdonando es como Tú nos perdonas;
y muriendo en Ti, es como nacemos a la vida eterna.
San Fracisco de Asis.

<u>*La Apreciación y Gratitud.*</u>

"Se agradecido por lo que tienes y tendrás más. Si te concentras en lo que no tienes nunca tendrás lo suficiente"
-Oprah Winfrey.
Presentadora de TV norteamericana.

Hace poco unos amigos vinieron a visitarme y mientras tomábamos el tren a Londres conversábamos sobre el mundo y sus problemas y sobre el ser humano y sus limitaciones. Entre otras cosas, hablamos sobre el cambio que cada uno de nosotros debíamos tomar para lograr un mundo mejor; Teodoro, un amigo, me dijo algo que nunca olvidaré: "En *la vida todo es cuestión de actitud*". No hay nada más cierto que las palabras de Teo; podemos asumir dos actitudes diferentes: una actitud positiva o una de quejarnos y sentirnos miserables. Hay una proverbio holandés que va muy bien con este tema y dice "*No puede impedirse el viento. Pero pueden construirse molinos*". Es únicamente nuestra elección. Podemos decidir responder positiva o negativamente a un evento o circunstancia, nuestra actitud es la única que puede cambiar nuestras vidas.

"Lo importante no es lo que sucede sino como lo interpretamos".
- Lair Ribeiro
Escritor, motivador.

Sabemos que las personas que se quejan constantemente de la vida y que tienen actitudes negativas están siempre pensando que nada está bien o que nada les sale bien, son permanentes victimas de las circunstancias de la vida, son personas con las cuales nos sentimos incómodos y que nos hacen sentir mal, simplemente porque sus vibraciones están bajas y siguen atrayendo a su vida lo que no desean. Están atrapados en ese estilo de vida porque sus pensamientos y energía son y han sido negativos por lo que están igualmente creando un futuro negativo. No olvides que aquello en lo que te enfocas es lo que obtienes.

Las personas con actitudes positivas son las que siempre parecen estar felices, son divertidas, su energía es buena, es placentero compartir con ellas, porque están vibrando en frecuencias más elevadas atrayendo a su vida lo bueno. Estas personas se concentran en apreciar los aspectos positivos y tienen expectativas positivas para el futuro.

> ***"Un optimista ve una oportunidad en toda calamidad, un pesimista ve una calamidad en toda oportunidad."***
> -Wiston Churchill
> Político británico.

La actitud que tomamos ante las circunstancias es importante porque afecta nuestras emociones y energía (campo energético) y simultáneamente le dice al universo que queremos más de lo mismo. Examina tu actitud en todos los ámbitos de tu vida e intenta cambiarla para que puedas encontrar placer en las cosas simples de la vida. La felicidad no consiste en tener lo que quieres sino en apreciar lo que tienes, es por ello que la gratitud también es determinante para que recibas del universo lo que deseas. La gratitud abre las puertas de la manifestación.

> ***"Hay dos maneras de vivir la vida: una como si nada es un milagro, la otra es como si todo es un milagro."***
> - Albert Einstein.
> Físico Alemán.

La gratitud es una de las mejores actitudes a las que podemos aspirar. ¿Cuántas veces agradecemos lo que somos, lo que tenemos y lo que hemos vivido? ¿Cuántas veces sólo nos enfocamos en aquello que nos falta? ¿Qué agradecidos estamos por lo que tenemos y por lo que no tenemos también? El agradecimiento es una de las herramientas más poderosas que tenemos para atraer lo mejor a nuestras vidas; estar agradecidos por lo que tenemos en el presente automáticamente atraerá más de lo bueno a tu vida.

La gratitud tiene el poder de convertir las dificultades en oportunidades, los problemas en soluciones, las pérdidas en ganancias, expandiendo además nuestra visión, permitiéndonos descubrir todo aquello que permanecía invisible para nosotros debido a nuestra actitud limitadora.

Haz una elección consciente de apreciar y reconocer todo lo bueno que tienes, todas tus bendiciones. Estas emociones elevarán tus frecuencias y, a través de la ley de la atracción, obtendrás más por lo que estar agradecido. Debemos agradecer cualquier situación por la que atravesemos, incluso aquellas que son un reto, porque éstas, las más difíciles de afrontar, son las que nos permiten crecer espiritual y emocionalmente. Que cada obstáculo sea una oportunidad para crecer, para fortalecernos, para desarrollar nuevas habilidades, para aumentar nuestra sabiduría, para agradecer la oportunidad de aprender nuevas lecciones.

Debemos apreciar cada momento de nuestro camino por la vida, conscientes de que creamos nuestra realidad, como dijo Albert Einstein "*el azar no existe; Dios no juega a los dados*". Aprecia cada momento de este recorrido y todo lo que has aprendido hasta ahora. Mantén una actitud positiva y apreciativa durante tiempos difíciles para que evitar atraer más de lo mismo y para que esa energía positiva te ayude a atraer más de lo que deseas.

Te sugiero que tengas un diario especialmente dedicado al agradecimiento. En mi diario yo doy gracias a Dios periódicamente, al menos por cinco cosas antes de irme a la cama, disfruto buscando y encontrando razones para estar agradecida. Piensa en los acontecimientos del día, cuantas cosas buenas te han sucedido y cuantos retos se te han presentado y escribe sobre aquellos por los que estas más agradecido. Siempre hay algo por lo que estar agradecido, aún cuando tengas que repetirlo. Da gracias por el día, por la brisa, por el sol, por tu casa, por la cama, por el agua, por la comida, por las palabras alentadoras de un amigo, porque tienes salud, porque has resuelto una situación exitosamente, porque mientras esperabas sentado en el tráfico tuviste la oportunidad de meditar, por la música, por encontrar un espacio de aparcamiento rápidamente, por la llamada telefónica de tu hermana, por la ducha, por la televisión, hay un sin fin de cosas por las que puedes estar agradecido.

Haz que tu diario de gratitud sea parte de tu rutina diaria; tus expresiones continuas de gratitud traerán alegría, amor y abundancia a tu vida.

"El único modo de cambiar tu historia consiste en cambiar lo que crees sobre ti mismo. Si te desprendes de las mentiras que crees sobre ti, las mentiras que crees sobre las demás personas cambiarán. Cada vez que cambias al personaje principal de tu historia, toda la historia cambia para adaptarse al nuevo personaje principal."

-Dr. Miguel Ruiz.

7

Vive la vida que deseas.

"La ley universal y tu espíritu viviente son ilimitados. Esta fuerza esta dentro de ti. Por lo tanto, lo que tu eres es también ilimitado."

-Stuart Wilde.

Escritor metafísico británico.

Cuando comencé a escribir este libro pensé que lo hacia para compartir mis experiencias sobre la espiritualidad con aquellos que quieren darle un nuevo sentido a sus vidas. Aun cuando esta idea es totalmente cierta, a medida que avanzaba en la escritura, me di cuenta de que también estaba escribiendo para mí misma y que con cada capítulo que concluía plasmaba en el papel todo lo que a lo largo de este recorrido he aprendido, experimentado y comprobado, solo que lo hacia ya con cierto orden y sentido.

Cuando miro hacia atrás para ver lo que ha sido mi vida puedo ver que todos los eventos y circunstancias por los cuales he tenido que atravesar para llegar a este momento, y que, sin duda, han sido esenciales para crear una vida diferente, con una nueva perspectiva. Comprendí que una de las decisiones mas grandes que he tomado en mi vida (mi divorcio), me condujo indirectamente a esta transformación que fue lentamente enriqueciéndose con el transcurso de los años y que me llevo sutilmente hasta el momento frente al espejo al cual me refiero al inicio de este libro.

Cuando ocurren experiencias tan dramáticas o trascendentales como el divorcio uno tiene la tendencia a efectuar un análisis de lo que ha sido su vida antes del matrimonio y después del divorcio y eso fue exactamente lo que yo me dispuse a hacer. No fue hasta entonces cuando me di cuenta que había pasado la mayor parte de mi vida viendo el mundo a través de los ojos del miedo. Me recuerdo siempre asustada, con miedo a tomar decisiones equivocadas, de hacer cambios, de lo que la gente pensaría de mí, de no tener suficiente, de no alcanzar mis sueños, etc. Obviamente esa forma de ver la vida no estaba produciendo ningún resultado satisfactorio, me sentía constantemente estresada, agitada, irritable y sobre todo no dormía bien. Sin duda alguna algo no estaba funcionando correctamente y en lugar de quedarme estancada en el miedo y la duda me dediqué a aprender las lecciones que la vida me había dado. Aprendí principalmente que podía controlar mi mente y mis pensamientos, y que, podía elegir entre el miedo y la duda, o confiar en mi misma.

Como ya lo he dicho anteriormente, estos cambios no se producen de la noche a la mañana, y desde el momento de mi divorcio hasta el momento frente al espejo transcurrió mucho tiempo. Tiempo en el que la paciencia era mi mejor amiga. Cada vez que me sentía tentada a preocuparme o a tener miedo me decía a mí misma que todo iba bien. Incluso cuando situaciones difíciles sucedían (y vaya que sucedieron) me encontraba siempre remetiéndome constantemente a mi misma que confiara en que estaba tomando las decisiones apropiadas.

Ahora me doy cuenta de que he encontrado una forma profunda y a la vez simple de vivir. Confío en el poder de Dios que reside dentro de mí y que se manifiesta a través de mi intuición. Cuando estoy en total conexión con mi espíritu (con mi ser interior) me siento que voy con el flujo de la vida y que estoy conectada a una parte que es grande y sabía y que me mantiene en sincronía con la vida. Eventos, personas, dinero y casi todo lo que necesito viene a mí sin el dolor o la dificultad que caracterizaba esa parte de mi vida que se fundamentaba en el miedo. Hoy día puedo atraer lo que quiero solo confiando, esto no quiere decir que no tenga que emprender acciones para conseguirlo, igualmente tengo que trabajar en función de lo que deseo pero ya no lo hago desde la necesidad, sino desde el querer y desear hacerlo.

En la vida lo fundamental es crecer, es hacer de cada experiencia una oportunidad para crecer y comprender que las fallas y los errores que cometes son solo una parte esencial para que puedas alcanzar el éxito. El dolor, la alegría, la pérdida y el amor son todos partes de esta vida y nadie está exento de poder experimentarlos, la manera en la que respondes a estas experiencias en la vida es la que determina tu crecimiento espiritual. "*Un curso de Milagros*" parafraseando, nos dice que: "*Nos puede gustar una lección incluso podemos odiarla, pero todas son parte del currículo. Las lecciones más grandes que aprendemos son las que se relacionan con el amor y el miedo. Cada acción que emprendemos es o una lección de amor o un grito para que nos amen. La bendición más grande es que cada lección se repite, una y otra vez, hasta que la hayas aprendido*".

Debes confiar en ti mismo y en el poder que reside dentro de ti, que como ya lo he dicho en varias oportunidades, es uno con el poder de Dios. Ábrete a la posibilidad de efectuar un cambio para que puedas emprender esta senda maravillosa. Los seres humanos tenemos tendencia a rechazar el cambio, ignorando que lo único que es constante en la vida *es el cambio.* Cambiar es divino, es parte del ritmo normal de la vida, es solo que el temor a experimentar cosas nuevas muchas veces nos lo impide. El cambio es algo tan natural que, por ejemplo, si el lunes estas pensando algo que creas ser totalmente cierto, y ya al llegar el viernes, te das cuenta que eso que asumías como algo totalmente cierto el lunes ya para el viernes resulta que no es así, lo que el lunes era cierto y el viernes ya no lo es; cuando pasan cosas como estas, cuando cambias la forma de ver una situación de lunes a viernes, es cuando vives de acuerdo con la sabiduría divina, vives de conformidad con el ritmo de Dios. Porque cambiar la forma de pensar es lo que te permite crecer y ése es uno de nuestros principales objetivos.

> **"Porque yo sé muy bien los planes que tengo para ustedes -afirma el Señor-, planes de bienestar y no de calamidad, a fin de darles un futuro y una esperanza."**
> -Jeremías 29:11

El objetivo de este recorrido no es otro que el de crecer espiritualmente y aprender a conectarte o reconectarte con Dios, con tu esencia y tratar de pensar en la forma en como Dios lo hace, comprendiendo que Dios no obliga ni es obligado, Dios incluye no excluye, Dios no hace otra cosa que dar, de esta forma la vida se presenta llena de alternativas y oportunidades que jamás hubieses imaginado.

> **"Dios nos habla todos los días es solo que no sabemos como escucharlo."**
> -Mahatma Gandhi.
> Líder espiritual.

A mi manera de ver, la espiritualidad y Dios van tomándonos de la mano. La espiritualidad es como un gran diseño que le da un enorme propósito a esta vida con la sabiduría que viene de esa conexión con tu espíritu y con Dios, que se siente fluir dentro de ti y alrededor de ti. Es una eterna conexión con todo lo que es y todo lo que hay.

Estamos viviendo momentos en los que muchos seres humanos sufren de indiferencia, son indiferentes ante sus parejas, hijos, vecinos, amigos, desconocidos y ante lo que sucede delante de sus propios ojos. No podemos continuar siendo indiferentes, todos somos ramas de un mismo árbol y podemos cambiar nuestra actitud para contribuir a un mundo mejor. Como dice el Dr. Dyer "*Cuando cambias la forma en que ves las cosas, las cosas que ves cambian, el mundo comienza a cambiar, te da y te ofrece lo mismo que tú das y ofrece*".

La mayoría de las personas tienden a esperar a que ciertas circunstancias de su vida cambien para comenzar a cambiar. No esperes a que eso suceda porque nunca aparecerá el momento que esperas, siempre habrá algo que te lo impida, simplemente pon tu corazón en ello, mira dentro de ti, justo allí donde el corazón reside y confía en lo que sientes. La práctica es lo único que te hará ser un maestro en lo que deseas hacer.

Lynn A. Robinson autora del libro "*Divina Intuición*" afirma que "*Cuando combinamos pensamiento con sentimiento, intelecto con emoción y a eso le sumamos el reconocimiento de que Dios reside dentro de nosotros nos hacemos de un poder que es irresistible*".

Crea la vida que deseas.

1. Identifica tus sueños.
2. Visualiza el éxito.
3. Muévete en la dirección de conseguir tus sueños.
4. Entrégale tus preocupaciones a Dios.
5. Confía en tu ser interior y sigue su guía divina.
6. Entrega tu deseo y confía, ten fe.
7. Aprecia, agradece y disfruta lo que tienes ahora.

1. Identifica tu sueño.

"El primer e indispensable paso para obtener lo que tú deseas en la vida es éste: Decide lo que deseas."
-Ben Stein.
Actor y autor.

En lo más profundo de nosotros mismos siempre hay algo que deseamos hacer o alcanzar. Hay quienes lo llaman misión, otros propósito, destino. Cualquiera que sea el nombre que le des, siempre te sientes insatisfecho hasta que logras clarificar aquello que deseas. Para lograr identificarlo piensa en ¿qué es lo que te apasiona?, cuando estas soñando despierto ¿en qué sueñas? ¿Qué es lo que te divierte? Todos estos elementos son componentes de tus metas. Nunca pienses que tus metas son difíciles o imposibles de alcanzar; no te limites intentando ver la forma en como lo vas a lograr porque será tu mayor impedimento para conseguirlo, sin embargo, intenta ser realista y nunca digas "no puedo" ésta frase ejerce una fuerza muy negativa en tu mente.

2. Visualiza tu éxito.

Recuerda el capitulo sobre la visualización creativa, captura la esencia de lo que deseas ponlo en papel, medita sobre ello, sueña despierto, tráelo constantemente a tu mente y vívelo como si ya estuviese sucediendo.

3. Muévete en la dirección de conseguir tus sueños.

Toma la decisión de hacer diariamente una cosa que te ayude a acercarte a la meta que te has propuesto. No tiene que ser necesariamente algo grande, pero debes proponerte hacer algo, por muy pequeño que sea. Cuando actuamos en dirección hacia nuestras metas es cuando el universo se pone de nuestro lado, conocemos las personas que nos pueden ayudar a conseguirlas, encontramos las herramientas necesarias para conseguirlas, ya que se van haciendo cada vez más claras.

4. Entrégale tus preocupaciones a Dios.

Aprender a pedir guía a través de la oración es simple. Cuando lo hacemos constantemente el resultado es incuestionable. No se necesita de tiempo o preparación y puedes simplemente comenzar con un "Dios... ¿qué puedo hacer?" y esperar en silencio, sentarse tranquilo, callar la mente y dejar que la mente este abierta y receptiva permitiendo que la respuesta venga a ella. Cada vez que lo haces, abres el canal para que la guía divina fluya a través de ti y la intuición llegue a tu mente y a tu corazón. Intenta hacer este ejercicio repetidamente, plantea tu pregunta, medita, ora y permite que se abra el canal para que la sabiduría te informe de cual es la mejor decisión o el próximo paso que debes tomar.

5. Confía en tu ser interior y sigue su guía divina.

Cuando comienzas a confiar en tu ser interior es cuando comienzas a vivir tus sueños consigues el equilibrio y la paz; y entonces el estrés y el esfuerzo solo serán parte del pasado. El universo te provee con lo que necesitas y cuando lo necesitas. Las puertas de la oportunidad se abrirán en el momento preciso para que puedas conseguir tus sueños. Ten fe en la guía divina, cultívala, escúchala, cuenta con ella y actúa de acuerdo con sus recomendaciones.

6. Entrega tu deseo y confía, ten fe.

Cuando sigues todos los pasos anteriores puedes estar seguro que todo se irá desplegando en el momento perfecto. Ésta es la parte más difícil para la mayoría de las personas. Necesitas tener paciencia en esta fase del proceso. Una vez que hayas hecho todo lo posible por conseguir tus objetivos, sólo necesitas estar en paz. Cuando estás claro sobre tus metas e intenciones, te encuentras en paz contigo mismo y confías en tu ser interior, cosas mágicas suceden. La gente aparecerá milagrosamente para ayudarte y tu mundo se enriquecerá con posibilidades.

7. Aprecia, agradece y disfruta lo que tienes ahora.

Hay muchas sendas que pueden llevarte a conseguir tus metas en la vida. No hay ningún camino específico, ni especialmente correcto para cada uno de nosotros. Todo lo que te mantenga centrado en el amor, la compasión, la alegría, el perdón, el servicio a los demás y en conexión con tu ser interior te guiará por la senda más apropiada para ti.

El éxito en la vida depende de que tus metas estén siempre claras, aliméntalas con afirmaciones, visualizaciones y comienza a moverte en la dirección indicada. Imagina que tienes un sistema de navegación satelital dentro de ti que te irá indicando la ruta que debes seguir. Dicho de otra manera, una vez que tienes claro lo que deseas, mantente enfocado y todo aquello que necesitas para ver tus metas realizadas aparecerá justo en el momento en que lo necesites, ni antes ni después.

Recuerda ser siempre agradecido y llevar un diario de gratitud. Persigue tus sueños, vive con alegría, escucha música que eleve tu espíritu, asiste a reuniones espirituales cuando puedas, lee libros espirituales, renuncia a las cosas que no te satisfacen espiritualmente, practica el yoga, medita, canta, mímate, camina al aire libre, ora, juega con niños, haz las cosas que te gusta hacer de corazón, sueña despierto, duerme, huele las flores, admira la naturaleza, haz retiros, pide ayuda cuando la necesites, asiste a cursos o seminarios espirituales para que puedas conocer a personas que estén en la misma búsqueda, utiliza tu creatividad, pinta, decora, cocina, haz jardinería, dibuja, todas éstas

expresiones creativas te conectan con el espíritu, demuéstrale amor a tu familia y a tus amigos, da pequeños pasos en esta senda, esos pasos sin duda se convertirán cada vez en pasos más firmes y seguros que te conducirán con éxito por el camino apropiado.
Recuerda que ***"todo está bien"*** y que ***"funcionará para ti"***.

Un nuevo viaje te espera, no olvides que la voluntad de Dios para ti es que logres realizar todos los sueños que tu corazón desea. Mis mejores deseos en esta nueva jornada espero que tengas una nueva vida llena de alegría y abundancia, ***te lo mereces!***

<u>Referencia Bibliográfica.</u>

-*Tao te ching*. Lao Tse. Saga ediciones. 2004.

-***El profeta.*** Gibran Khalil Gibran. Ediciones Urano.1975.

-***Ask and it is given.*** Learning to manifest your desires (The teaching of Abraham. Esther and Jerry Hicks. Hay House inc.2004.

-***Las nuevas revelaciones***. Conversaciones con Dios. Neale Donald Walsh. Grijalbo. 2003.

-***Miracles***. Stuart Wilde Hay House inc.1983.

-***The lightworker's way***. Awakening your spiritual power to know and heal. Doreen Virtue. Hay house.1997.

-***In the heart of the world.*** Thoughts, stories and prayers. Mother Teresa. New world library Novato. 1995.

-***Silent Power***. Stuart Wilde. Hay house inc. 1996.

-***Affirmations.*** How to expand your personal power and take back control of your life. Stuart Wilde. Hay house inc. 1987.

-***In the silence of the heart.*** Meditations by Mother Teresa of Calcutta and her co-workers. SPCK Publishing.1993.

-***Arriving at your own doors.*** 108 lessons in mindfulness. Jon Kabat-Zinn. Piatkus.2005.

-***Las 7 leyes espirituales del éxito.*** Una guía para la realización de tus sueños. Deepak Chopra. Amber-Allen publishing.1995.

-***The key to living the law of attraction.*** The secret. Jack Canfield and D.D Watkins. Orion books.2008.

- ***Wise word and quotes.*** An intriguing collection of popular quotes by famous people and wise sayings fro scripture. Vern Mc Lellan. Tindale house Publisher. 2000.

-***How to get from where your are to where you want to be***. 25 Principles of success. Jack Canfield. Harper element publisher. 2005.
-***Creative visualization***. Use the power of your imagination to create what you want in your life. Shakti Gwain. The nataraj publishing. 2002.

-***You can heal your life***. Louise Hay. Hay house inc.1984.

-***El camino de la felicidad***. Jorge Bucay. De bolsillo.2002.

-**La voz del conocimiento.** Una guía practica para la paz interior. Dr Miguel Ruiz. Amber-Allen publishing. 2004.

-***Los 4 acuerdos***. Un libro de sabiduría tolteca. Dr. Miguel Ruiz. Ediciones Urano.1997.

-***Divine Intuition***. Your guide to creating a life you love . Lynn A Robinson. A dorling kindersley book.2001.

-***The unmistakable touch of grace.*** Cheryl Richardson. Bantam press.2005.

-***The divine matrix***. Bringing time, space, miracles and belief. Gregg Braden. Hay house inc.2007.

-***El poder del ahora.*** Un camino hacia la realización espiritual. Eckhart Tolle. Grupo editorial norma.2000.

-***Practising the power of now***. Eckhart Tolle. Hodder .Mobious.2001.

-***Excuse me your life is waiting***. The astonishing power of the positive feelings. Lynn Grabhorn. The hodder mobious. 2000.

-***Soul to soul.*** Comunications from the heart. Gary Zukav. Simon & Schuster publishing. 2007.

-***Intuición***. El conocimiento que trasciende la lógica. Osho. De Bolsillo.2007.

-***The seeker's guide***. Making your life a spiritual adventure.Elizabeth Lesser. Villard NY publishing.1999.

-***The secret***. Rondha Byrne. Simon and Schuster publishing-Beyond words publishing.2006.

-***Creatividad.*** Liberando las fuerzas internas.Osho. Grijalbo.1999.

-***Trust your vibes.*** Secret tools for six sensory living.Sonia Choquette. Hay House inc.2004.

-***Einstein.*** Su vida y su universo. Walter Isaacson. Debate. 2007.

-**Volver al amor**. Reflexiones sobre un Curso en Milagros. Marianne Williamson. Planeta. 1992.

-***A new earth***. Awakening to your life's purpose. Eckhart Tolle. Penguin books. 2005.

-***The power of intention.*** Change the way you look at things and the things you look at will change. Dr. Wayne Dyer. Hay house inc. 2004.

-***Everything you need to know to feel good.*** Dr. Candance Pert. Hay house inc. 2006.

-***La Fuerza del Espiritu***. Hay una solución espiritual para cada problema. Dr. Wayne Dyer. Grijalbo-Mondadori.2001.

-***God spoke to me.*** Eileen Caddy. Findhorn press. 1971.

-***La Nueva Biblia latinoamericana***. Ediciones Paulinas. 1974.

-***Un Curso de Milagros***. Fundation for Inner Peace. UCDM.1988.